KB199036

가스라이팅 이단

이 책은 책값의 5%씩 적립되며, 일정 금액이 모이면 추후
은퇴하신 목회자님과 선교사님들을 섬기는 사역에 쓰일 예정입니다.

가스라이팅 이단

지은이 탁지일
펴낸이 조현영
펴낸곳 산

초판 1쇄 인쇄 2022년 7월 1일
초판 1쇄 발행 2022년 7월 5일

출판신고 2021년 7월 26일 제 453-2021-000006호
31961 충청남도 서산시 해미면 용암휴암길 305
Tel 010-4963-5595 Email san-book@naver.com

ISBN 979-11-975878-3-2 03230

www.facebook.com/san20210801

COVID-19의 세계적 확산 속에 드러난 이단의 본질에 대한 분석

가스라이팅 이단

탁지일 지음

신

-가나다순-

탁지일 교수님은 선친의 뒤를 이어 한국 교회를 이단으로부
터 보호하시는 귀하고 뛰어난 역사신학자이십니다. 한국 교
회는 탁 교수님의 가문에 큰 빚을 졌습니다. 이단의 테러로
목숨을 잃으실 때까지 한국 교회를 지켜온 천국에 계신 탁
교수님의 선친께 깊은 감사를 드립니다.

저는 초등학교 때 故 탁명환 소장님께서 저의 모 교회에
오셔서 그 당시 가장 문제가 되던 이단의 실체를 적나라하
게 드러내심으로써 저희의 믿음을 지켜주었던 것을 기억
합니다.

이단으로부터 교회를 지키는 일은 매우 위험한 일입니다. 그렇지만 탁 교수님은 대를 이어 이 위험한 일을 하고 계십니다. 그 이유는 주님께서 피 흘려 사신 교회를 온 맘 다해 사랑하기 때문입니다.

이 책은 다음과 같은 유익한 점이 있어 강력히 추천합니다.

첫째, 이단의 메커니즘을 알려줍니다.

그 메커니즘(mechanism, 작동원리)은 '가스라이팅'입니다. 상황 조작을 통해 사람들의 마음에 현실감과 판단력을 잃게 만들어 그들을 지배하는 것이 이단의 메커니즘입니다. 사회적으로 뛰어난 사람도 이단에 빠지는 이유가 바로 이것입니다.

둘째, 이단의 뿌리를 알려줍니다.

현존하는 이단은 거의 과거 이단으로부터 파생하였습니다.

어떤 이단에서 나왔는가를 알게 되면, 이단을 분별하는 데
도움이 됩니다.

셋째, 이단에 빠진 사람이 빠져나오기 어려운 이유를 알려
줍니다.
'시한부 종말론이 실패로 돌아가도 왜 그들은 이단을 빠져
나오지 못할까?', '영생불사한다던 교주가 죽어도 왜 그들은
이단을 빠져나오지 못할까?' 그 대답이 이 책에 있습니다.

넷째, 이단에서 빠져나온 사람들을 어떻게 회복시킬 것인가
를 알려줍니다.
이단에 빠졌다가 나온 사람들이 교회로 돌아와 신앙을 회복
하는 것은 매우 어려운 과정입니다. 이 책에는 그 비법이 나
옵니다.

다섯째, 이단의 트렌드가 어떻게 변하고 있는지를 알려줍니다.

코로나 이후에 벌어지고 있는 온라인상에서의 이단의 활동, 대학가와 군대에서 젊은이들을 대상으로 이단이 벌이는 포교 활동, 그야말로 치밀하고 치명적인 그들의 전략을 파악할 수 있습니다.

이 책을 통하여 우리의 신앙과 교회의 신앙을 지키며, 한국 교회가 '개혁의 대상'이 아니라 '개혁의 주체'가 되길 바랍니다.

박성규
부전교회 담임목사

†

한국 이단 연구자 중 탁지일 교수님은 이 분야 독보적인 전문가라 할 수 있습니다. 탁 교수님은 국제종교문제연구소 설립자 故 탁명환 소장의 장남으로서 부친의 질고와 고통의 세월을 고스란히 지켜봤습니다. 거기서 우러난 피해자 중심의 이단 문제 접근, 그리고 분명한 신학과 역사적 관점으로 파헤치는 예리한 분석은 한국 교회의 이단 대처와 예방에 탁월한 관점을 제시해왔습니다.

코로나19 팬데믹은 우리 사회 모든 분야에 변화를 가져왔습니다. 여기엔 신천지 등 한국 교회가 이단으로 규정한 단체들 역시 포함됩니다. 신천지는 코로나 초기 확산의 주범으로 지탄을 받으면서 움츠러들었다 다시 고개를 들었습니다.

그러면서 세력 과시와 내부 단속을 꾀했습니다. 탁 교수님은 신천지를 비롯한 이단들의 활동을 예의주시하면서 다각적으로 분석했고, 주요 특징을 발견했습니다. 이 책은 거기서 건져 올린 '종합 보고서'라 할 수 있습니다.

탁 교수님의 분석에서 특히 눈에 띄는 것은 한국 이단들에게 발견되는 두 가지 필수 키워드입니다. '벤치마킹'과 '업그레이드'. 이단 교주들은 한국 이단 계보의 원조들을 벤치마킹하면서 마치 카멜레온처럼 자신들의 모습을 바꿔나갔습니다. 그 과정에서 교리도 업그레이드하면서 재림주나 시한부 종말론을 만들었습니다. 이단들의 교리가 서로 섞이고 버무려지면서 혼합주의가 된 것입니다.

이단들은 나름의 업그레이드로 자신감을 얻었을까요. 최근 이단들의 행보는 한층 대범해졌습니다. 이들은 더 이상 과

거처럼 음지에 머물며 자신들의 정체를 숨기지 않습니다. 주요 일간지에 거액의 광고비를 써가며 홍보전을 펼치고 있습니다. 가랑비에 옷 젖는다고 이단들의 광고는 한 번 두 번, 그리고 지속해서 노출을 거듭하고 있습니다. 그러자 사람들은 처음엔 거부 반응과 반감을 표시하다가도 점차 익숙해진 것 같습니다.

이단들은 선전과 홍보전만 하는 게 아닙니다. 한 걸음 더 나아가 이미지 세탁도 병행하고 있습니다. 봉사활동이나 구제 사업, 교육활동 등에 적극적으로 나서면서 본래 모습을 감추고 있습니다. 해외 진출도 적극적으로 시도하면서 K-컬처 파워에 편승하고 있습니다.

이 책에서는 이 같은 일련의 흐름들을 빠짐없이 담아내면서 이단의 전략을 폭로하는 한편, 교회를 향해서는 애정 어린 주의를 당부하고 있습니다. 한국 교회의 일원이기도 한 탁 교수님은 한국 교회의 건강함이야말로 이단에도 흔들리지 않는 단단한 주춧돌이라고 강조합니다. 이 책이 한국 교회를 더 든든히 세우는 모퉁잇돌이 되기를 바랍니다.

신상목
국민일보 종교부장

✝

탁지일 교수님의 『가스라이팅 이단』은 이단에서 주로 사용하는 전략과 이단의 본질에 대해서 심층적으로 설명함으로 이단에 빠진 사람들에게, 혹은 이단에 빠질 수 있는 일반 기독교인들에게 큰 도움이 되는 저서입니다.

이 저서를 읽는 독자들은 자신들이 이단에 빠져서 얼마나 피해를 받고 있는지 알 수 있는 성찰적인 거리를 가지도록 돕는 효과가 있을 것이고, 일반 기독교인들에게는 이단의 전략들에 대한 이해를 통해 이단에 현혹되지 않도록 예방적인 지식을 제공해 줄 것입니다.

저자는 교주들의 행동 방식에 관해 서술하고, 이단들이 친절함을 가장해서 어떻게 접근하는지 그들의 스마트한 접근

방법 등을 소개합니다. 특별히 신천지에 대한 분석을 통해 신천지에 대한 실체를 파악할 수 있는 정보를 제공해 주고 있습니다.

이 저서는 신천지나 이단에 빠진 사람들에게 빠져나올 수 있는 용기와 힘을 제공해 주고, 신천지와 이단에 빠진 사람들을 돕는 상담자나 목회자 등에게는 이단에 빠진 사람들을 돕는 데 필요한 정보들을 주는 공헌을 할 것입니다. 이 저서를 통해 많은 분이 이단에서 빠져나와 건강한 신앙생활을 할 수 있길 바랍니다.

무엇보다 이 책의 마지막 장인 '여행은 돌아올 집이 있을 때 비로소 의미가 있다' 부분은 기존 교회와 단체들에게 큰 의미를 제공합니다. 실제로 이단에 빠졌다가 나온 사람들이 기존 교회에 돌아갔을 때 환대받지 못하고 의심을 받기 때문에 다시 이단으로 빠지는 경우가 있습니다.

바라기는 이 책을 통해 이단에 빠졌던 분들을 이해하는 공감대가 조성되어 그들이 빠져나왔을 때 기존 교회에서 수용해 줄 수 있는, 안아주는 환경이 마련되는 계기가 되기를 바랍니다.

유영권
연세대학교 연합신학대학원 상담코칭학 교수

✝

탁지일 교수님은 평생을 이단 연구에 매진하고 있는 한국의 대표적인 학자입니다. 저는 꽤 오랜 세월 동안 이런저런 모임에서 탁 교수님과 직접 조우할 기회가 많이 있었고, 그분의 저서를 읽거나 그분이 출연하는 방송을 자주 시청해 온 편입니다. 늘 뵐 때마다 느끼는 것이지만 그분은 탁월한 식견과 신앙인으로서의 뚜렷한 사명감을 소유하고 계시고, 온화하지만 강단 있는 성품을 지니신 우리 시대의 참으로 귀한 분입니다.

'탁 교수님은 왜 사람들이 가능하면 피하려고 하는 이단 연구에 이렇듯 매달리고 계신 것일까?' 사실 이단 연구에는 상당한 용기가 필요합니다. 때로는 뜻하지 않는 위협을 감내해야 하는 상황이 발생하기도 합니다. 그러나 탁 교수님은 어떤 상황에 직면해도 결코 굴하거나 두려워하지 않습니다.

'도대체 이러한 용기는 어디서 나오는 것일까?' 그것은 무엇보다 탁 교수님의 신앙적 양심의 작동에 기인하고 있을 것입니다. 혼탁한 세상에서 피신하고자 이단에 빠져들고 있는 수많은 불쌍한 영혼들을 구하지 않고서는 도무지 견디지 못하는 성품이 그 용기의 원천이라 생각합니다. 한 마리의 잃은 양을 찾아 나서는 예수님의 마음처럼 말입니다. 이 책의 에필로그에 저자의 신앙고백이 나옵니다. '이단 피해자의 마음을 위로할 수 있도록' 부르신 하나님을 믿는 신앙, 즉 예수님 사랑의 실천이야말로 평생 과제인 이단 연구의 원동력이 되는 것입니다.

탁지일 교수님은 철저한 조사와 사실관계 확인, 그리고 오직 성경에 기반을 둔 연구를 하는 것으로 유명합니다. 그러니 연구 성과물에는 늘 권위가 뒤따릅니다. 이단은 연구의

빈틈을 찾기에 여념이 없고, 조그마한 틈새만 발견하면 집요하게 파고들어 연구의 신뢰성을 무력화시키려고 노력합니다. 그러니 아예 논쟁의 여지를 처음부터 없애는 것이 중요합니다. 이 책에도 교주의 주장과 사람을 현혹하는 수법 등을 사실관계에 기초하여 적나라하게 기술하고 있습니다. 읽는 이에게는 경각심을 주고, 이단에게는 반박할 수 없는 큰 펀치를 날리고 있는 것입니다.

또한 탁지일 교수님은 탁월한 전달자(great communicator)입니다. 아무리 복잡한 사안이라도 누구나 이해할 수 있는 말로 전달하는 능력이 대단한 분입니다. 이 책도 읽기가 매우 수월하게 서술되어 있습니다. 난해한 문장으로 구성되어 있으면 분초 단위로 이단에 빠지고 있는 작금의 현실에 아무런 도움이 될 수 없다는 절박함을 누구보다도 잘 이해하고 있기 때문이리라 생각합니다.

신앙인이라면 이단에 대해 한 번쯤은 생각해 보았을 것입니다. 하지만 자신은 결코 현혹될 리 없다는 막연한 믿음을 가지고 큰 관심을 가지지 않는 것이 보통입니다. 그러나 코로나 시대를 거치며 이단의 수법, 즉 가스라이팅은 더욱 과감해지고 다양해지고 있다고 저자는 진단합니다. 각종 SNS를 통한 왜곡된 정보의 홍수는 그 위험성을 더해가고 있습니다. 방심은 금물입니다. 포스트 코로나 시대 신앙인이라면 꼭 읽어보아야 하는 필독서입니다.

장제국
동서대학교 총장

Notice

「현대종교」에서는

이민 교회와 해외 선교사님들의
복음전도와 선교사역을 위해 필요할 경우,

『한국어·영어·중국어로 간추린 이단 바로 알기』
e-Book을 무료로 제공하고 있습니다.

문의: hd4391@hdjongkyo.co.kr

가스라이팅의 시대

이 책은 코로나 역병의 세계적 창궐 속에서 이단의 도전에
힘겹게 응전(應戰)했던 교회의 생존 기록이다. 이단의 씨앗
이 심겨진 일제 강점 후반기, 이단의 싹이 텄던 6·25전쟁,
이단의 줄기가 뻗치던 군사정권 시기, 이단의 꽃이 피어올
랐던 뉴밀레니엄을 지나 누구도 예상치 못했던 혼돈의 포스
트 코로나 시대로 접어들었다.

코로나가 여전히 휘몰아치던 2021년 한 해 동안 네이버 국

어사전에서 가장 많이 검색된 단어는 '가스라이팅'이었다. 2020년에는 '팬데믹'이 검색어 1위였는데, 당시 코로나의 등장과 세계적 확산을 고려하면 그 이유가 충분히 공감된다. 하지만 코로나가 여전히 지속되고 경제 악화와 대선을 앞둔 정치적 쟁점이 쉼 없이 생산되던 2021년, 왜 가스라이팅이 검색어 1위였는지 자못 궁금하다.

가스라이팅의 사전적 의미는 "상황 조작을 통해 타인의 마음에 자신에 대한 의심을 불러일으켜 현실감과 판단력을 잃게 만듦으로써 그 사람을 정신적으로 황폐화하고 그 사람에게 지배력을 행사해 결국 그 사람을 파국으로 몰아가는 것을 의미하는 심리학 용어"(네이버 국어사전)다.

이 단어는 1944년 영화 「가스라이트(Gaslight)」에서 등장했다. 재산을 노리고 거짓 결혼한 남편의 거짓말과 속임수로 파멸해가는 한 여성의 심리 상태를 묘사했다. 주변 환경을 악의적으로 조작하는 남편에게 심리적으로 지배당한 여성이 현실과 상상을 구분하지 못한 채 거짓을 진실로, 진실을 거짓으로 받아들이며 고통받는 이야기를 다뤘다.

이단·사이비 사건들도 가스라이팅 범죄가 대부분을 차지한다. 교주와 간부들은 신도들이 거짓을 진실로, 진리를 거짓으로 믿게 만든다. 이러한 종교적 가스라이팅을 통해 신도들의 자존감과 판단력은 흐려지고, 가족들과의 관계는 단절되며, 교주와 교리에 대한 맹신과 맹종은 점점 깊어진다.

최근에는 주요 일간지에도 신천지의 전면광고가 게재된다. 코로나 확산 당시에는 앞다퉈 신천지 비판 기사를 쏟아내며 시청률과 구독률의 두 마리 토끼를 잡던 이들이, 이제는 신천지의 홍보성 기사 및 전면광고를 게재하며 구독자들을 혼란에 빠뜨리고 실리를 챙기는 이중적 행태를 거침없이 드러내고 있다. 이단 광고에 기꺼이 지면을 내어준 이들의 윤리 실종과 도덕적 해이는 가스라이팅 범죄의 방조자이자 공모

가스라이팅 이단

자의 모습을 보여주고 있어 통탄할 노릇이다.

게다가 요즘처럼 정치적 견해가 극단적으로 양분된 상황은 가스라이팅에 최적화된 환경을 제공한다. 사실과 진실에는 관심이 없다. 보고 싶은 것만 보고, 듣고 싶은 것만 들으며, 믿고 싶은 것만 믿는 세상이다. 스스로 필요한 정보를 선택할 수 있는 SNS 환경의 세계화와 영향력은 편향을 공정으로, 야욕을 헌신으로 미화하는 데 효과적인 힘을 발휘한다. 권력욕이 정치적 신념으로 미화되고, 욕심이 헌신으로 둔갑한다.

양극화된 환경에서 제3의 선택이나 중립과 중용은 설 곳이 없다. 오직 아(我)와 타(他)의 적대적 분리만이 생존에 효과적이란 인식이 팽배한다. 소위 촛불과 태극기 사이의 중간지대는 용납되지 않는다. 나와 같은 생각이 상식과 정의이고, 나와 다른 생각은 몰상식과 불의로 치부된다. 나의 부족함에 대해서는 한없이 관대하지만, 타인의 부족함에 대해서는 더없이 잔인하다. 마치 남과 북이 아닌 제3국을 선택할 수밖에 없었던 6·25전쟁 포로들의 비극적인 이야기를 다룬 최인훈의 소설 『광장』을 떠올리게 한다.

가스라이팅이 우리 사회 곳곳에 작동하면서 심리적 지배 상태를 넘어 성적·물질적 착취로 발전하거나 심지어 인격을 말살하고 생명마저 빼앗는 일들이 일어나고 있다. 영악스러운 인간들의 교묘한 가스라이팅 화법이, 마치 관심과 애정의 표현인 것처럼 슬며시 다가와 우리의 일상과 관계를 일그러뜨린다.

코로나 기간 「국민일보」를 비롯한 여러 신문과 잡지에 게재되었던 졸고들을 수정하고 편집해 이 책을 구성하였다. 무거운 내용이 담긴 한 문장 한 문장을 따뜻하게 다듬어 희망의 옷을 입혀주고, 세상과 소통할 수 있는 길을 만들어준 출판사 산과 조현영 대표님에게 감사한 마음이다.

이 책은 2020~2022년 코로나 역병의 세계적 확산 속에서
드러난 이단의 본질에 대한 분석인 동시에, 힘겨운 코로나
세상에서 이단의 거센 도전에 맞섰던 교회의 신앙고백이다.

【차례】

Chapter **1.**
교주의 비밀 노트

Chapter **2.**
이단, 그 친절함에 대하여

Chapter 3.
신천지 없는 신천지를 꿈꾸며

Chapter 4.
십자가에 달린 악성 댓글들

Chapter **5.**
여행은 돌아올 집이 있을 때 비로소 의미가 있다

스마트한 교주들은

결코 자신이 신격화된 존재임을 노골적으로 드러내지 않는다.

신도들이 얼마나 끔찍한 죄인인지를 감언이설로 가스라이팅 한다.

1

교주의 비밀 노트

성공한 교주가 되기 위해서는 거짓말과 희망 고문에 능해야 한다. 다른 교주들의 교리를 표절하는 비윤리적 행태는 기본이고, 정체불명의 민간 속설도 거침없이 가져와 마치 자신의 창의적인 작품인 양 사용한다.

신천지 이만희는 전도관 교리와 소위 『남사고비결(南師古秘訣)』이라는 위서(僞書)를 인용해 자신의 교리로 만들었고, JMS 정명석의 『30개론』은 통일교 문선명의 『원리강론』의 업그레이드 버전이다.

표절과 짜깁기를 거친 거짓 교리를 가지고 교주들은 신도들을 희망 고문하기 시작한다. 삶에 지친 이들이 혹할 수 있는, 보암직하고 먹음직한 희망을 던지며 절대 권력자의 위치에 올라선다.

스마트한 교주들은 결코 자신이 신격화된 존재임을 노골적으로 드러내지 않는다. 오히려 신도들이 얼마나 끔찍한 죄인인지를 감언이설로 가스라이팅 한다. 신도 스스로 죄인임을 느끼면 느낄수록, 그 죄를 지적하는 교주의 존재감과 영향력은 점점 커진다.

대부분 이단 교주들은 신도들을 죄책감 속에 고통받도록 만든 후, 죄 사함의 방법과 능력이 교주에게만 있다는 것을 믿도록 만든다. 귀신론, 가계저주론 등의 교리에서 이러한 패턴들이 전형적으로 노출된다. 교주가 많은 것을 누리면 누릴수록 신도들은 상대적으로 소중한 것을 잃게 된다.

교주들의 생존전략은 잔혹하다. 이는 자신들의 경험으로부터 얻어진 학습효과 때문이다. 한때 자신이 열심히 따라다니던 선배 교주를 배신하고 뛰쳐나온 경우가 많다 보니, 조직 핵심 간부들에 대한 불신과 불안을 해소하기 위해 감시와 통제에 엄격하다. 교주의 권위에 도전하는 세력에 대해서는 가차 없이 응징하는 한편, 때로는 이들을 회유하기 위해 막대한 특권을 제공하기도 한다.

이단들의 세대교체가 진행되는 요즘엔 상대적으로 통제가 용이하다고 판단되는 여성을 전면에 내세워 자신은 막후실세 역할을 한다. 하나님의교회 '어머니 하나님 장길자' 뒤에는 '총회장 김주철'이 있고, 전능신교 '그리스도 양향빈' 뒤에는 '대제사장 조유산'이 있다.

교주들은 나름 위기관리 매뉴얼을 갖고 있다. 희한한 일은 시한부 종말론이나 14만 4000 교리 같은 조건부 종말론이 실패해도 이단 조직은 멀쩡하다는 사실이다.

신천지, 하나님의교회, 안식교, 여호와의증인 등의 종말론들은 실패를 거듭했지만, 이들 단체는 물론이고 아류 조직들은 여전히 활발하다. 이는 교회에는 없는 것이 이단들에는 있기 때문이다. 바로 신격화된 교주의 존재이다.

직통계시를 받는다는 교주는 성경은 물론, 자신의 기존 주장마저 손쉽게 변개(變改)한다. 교주의 말 바꾸기는 이단들의 위기관리 매뉴얼 중 핵심이다.

흥미로운 점은 이단 교주와 유사한 모습들이 우리 주변에서 자주 목격된다는 사실이다. 합법적 권력과 정통적 교권에 속해 있지만, 실제로는 이단 교주들의 비밀 노트와 같은 매뉴얼을 따르는 유사 교주들이 보인다. 이들은 돈과 조직을 동원해 각종 선거와 선출로 요직에 오른 후, 이단 교주들의 비밀 노트 내용과 유사한 행태를 띠면서 역기능적 모습을 노출한다. 언제나 선거철이 다가오면 권력을 오용, 남용, 악용할 준비가 되어있는 각양각색의 유사 교주 지망생들이 스멀스멀 움직이고 있어 우리를 불안하게 만든다.

사회와 교회 안에 합법적으로 암약하는 이들, 유사 교주들은 거짓말과 희망 고문이란 무기를 가지고 선량한 시민들을 가스라이팅 하며 통제한다. 권력 장악을 위해 이전투구(泥田

鬪狗)의 정치 싸움에 수단과 방법을 가리지 않고 뛰어든다. 정적은 잔혹하게 제거하거나 때론 명분 없는 이합집산(離合集散)도 사리사욕을 위해 불사한다. 아무리 상습적으로 죄를 지어도 도덕적 불감증이란 백신을 맞아가며, 자신을 용서하고 자신의 죄를 합리화하며 끈질기게 회생하는 유사 교주들이 범람하고 있다.

성공하는 교주들의 7가지 습관

벤치마킹(benchmarking)과 업그레이드(upgrade)는 한국 이단들에게 발견되는 두 가지 필수 키워드다. 정명석(JMS)은 문선명(통일교)을 벤치마킹한 후, 그를 '실패한 세례 요한'으로 폄하하고 스스로 '재림주'가 되었다. 이만희(이만희)는 박태선(전도관)을 벤치마킹한 후, 유재열(장막성전)을 '배도한 세례요한'으로 격하시키고 스스로 '이긴자'가 되었다. 안상홍(하나님의교회)은 안식교 종말론을 벤치마킹한 후, 교리를 업그레이드하여 자신의 '시한부 종말론'을 만들었다.

이단 교주들은 비기독교적인 정체불명의 민간사상으로부터의 벤치마킹도 불사한다. 한국 이단들의 교리는 혼합주의가 기본이다. 벤치마킹과 업그레이드를 통해 나름 성공한 이단 교주들의 공통점들이 눈에 띈다.

첫째, 몰라야 성공한다!

이단 교주들 중 사회적·신학적 교육을 제대로 받은 이들은 거의 없다. 하지만 성경의 내용과 구조에 대해서는 나름대로 능수능란하다. 이로 인해 성경의 내용을 문맥과 전혀 관련 없이 임의로 해석하거나, 아전인수(我田引水)식으로 침소봉대(針小棒大)하여 창의적 이단 교리를 만들어 낸다.

둘째, 믿어야 성공한다!

이단 교주들의 범죄적이고 비윤리적인 행태를 접할 때마다 우리는 그들을 종교 사기꾼이라고 생각한다. 하지만 성공하는 이단 교주들은 자신이 사기꾼이라고 생각하기보다 실제로 자신을 신격화된 하나님, 재림주, 성령이라고 믿는다. 이러한 근거 없는 자신감을 가지고 태연하게 재산을 갈취하거나 성적인 착취를 하고 가정을 파괴한다. 결국 이단 교주의 위법 행위는 우발적 범행이 아니라 확신범죄인 경우가 대부분이다.

셋째, 바꿔야 성공한다!

교회에 없는 것이 이단에게 있다. 바로 신격화된 교주의 존재다. 이로 인해 교주는 성경의 내용도 마음대로 바꾸고, 자신이 주장했던 교리마저도 손바닥 뒤집듯이 쉽게 바꾸는데 전혀 주저함이 없다. 시한부 종말론이 실패해도 절대 당황하지 않는다. 이단 교주들의 '아니면 말고'식 행태는 타의 추종을 불허한다.

넷째, 넘어야 성공한다!

성공한 이단 교주들 대부분은 배신의 아이콘들이다. 한때는 누군가를 재림주로 믿고 따랐지만, 그들 스스로 재림주가 되기 위해 전임자를 배신하고 폄하한다. 전임자의 죽음이나 구속은 독립을 위한 절호의 기회로 받아들인다. 기존 교리를 그대로 사용하면서 조직을 장악하거나, 새로운 교리를 덧붙이고 독립해 분파를 결성하기도 한다. 전임자를 누르고 넘어선 자들만이 교주의 왕관을 쓸 수 있다.

다섯째, 눌러야 성공한다!

스스로가 배신을 통해 교주로 등극할 수 있었기 때문에, 이단 교주들은 조직 내 2인자들의 존재를 부담스러워한다. 아무리 충성스러워도 언제든지 자신처럼 배신할 수 있다는 것을 잘 알고 있기에, 넘버2들을 관리하고 통제하는데 온 신경을 곤두세운다.

여섯째, 벌어야 성공한다!

재정의 사유화는 교주의 권력 유지를 위해 반드시 필요하다. 돈이 있어야 2인자들을 통제할 수 있고, 조직의 분열을 막을 수 있으며, 신도들의 이탈을 막을 수 있기 때문이다. 이로 인해 대부분의 이단 교주들은 재산 갈취와 부동산 투자에 열을 올리게 된다.

일곱째, 속여야 성공한다!

'거짓말'은 이단 교주들의 필수 DNA이다. 영생불사를 주장했지만, 예외 없이 모두 사망했다. 종말이 임박했다고 주장했지만, 모두 실패했다. 세상의 왕이 된다고 미혹했지만, 스스로 죄인의 신분으로 감옥에 수감되기도 했다. 세상의 부를 누릴 수 있다고 미혹했지만, 오히려 있는 신도들의 재산을 갈취하는 데 집착했다. 가스라이팅의 끝판왕이다.

고립무원(孤立無援) 상태의 코로나 세상에서 사리사욕을 꿈꾸는 후안무치(厚顔無恥)의 이단 교주들을 무기력하게 바라보며, 우리 인생의 참 주인이신 '주님의 날'을 손꼽아 기다린다. 마라나타!

미혹의 기술

이단의 미혹은 치밀하고 치명적이다. 우리의 갈망과 욕심의 문을 손쉽게 열고 들어온다. 이단에 대한 부정적인 인식에도 불구하고, 우리의 자신만만한 '상식적(normal)'인 사고는 이단의 치밀한 '비상식적(abnormal)'인 미혹에 쉽게 넘어가곤 한다. '새로운 상식(new normal)'이 필요하다.

비상식적인 이단 문제를 상식적인 교리 분석이나 접근 방법을 가지고 이해하려고 애쓰다 보니 그다지 성과가 없는 것은 아닐까 싶다. 이단·사이비 문제의 해법을 찾기 위한 퍼즐 맞추기를 할 때 상식의 눈으로는 도무지 찾을 수 없는 비상식의 퍼즐 조각들이 도처에 널려있다.

이단의 미혹에 빠진 평범한 배우자가 가정을 포기한다. 착하고 예쁘기만 한 자녀들이 집을 떠난다. 내로라하는 엘리

트들이 어눌하고 어수룩한 이단 교주에게 빠져 모든 것을 포기한다. 심지어 그 교주가 구속되거나 사망해도 이단을 떠날 생각을 하지 않는다. 시한부 종말 주장이 실패해도 집으로 돌아올 생각을 하지 않는다.

이러한 비상식을 바라보는 우리의 상식은 이렇다. 가정이 그다지 행복하지 않고 불만족스럽더라도 집에 있는 것이 낫지 않을까? 교회가 고리타분하고 따분해도 이단이라는 비난의 손가락질을 받는 것보다는 낫지 않을까? 힘들고 지쳐도 나오는 월급에 만족하며 소소한 행복을 누리는 것이 낫지 않을까? 미래가 불투명하고 쪼들려도 학업을 마치는 것이 낫지 않을까?

하지만 이단의 미혹은 이러한 상식적인 생각들을 쉽게 무너뜨린다. 영악스러울 정도로 손익계산에 빠른 평범한 보통의 사람들을 비상식적인 맹신과 복종의 아이콘으로 쉽게 만들어버린다. 이는 우리가 상식이라고 믿던 것들이 가진 약점 때문이다.

밖에서만 그럴듯한 사회인으로 포장하면 집에서는 가부장적인 폭군 혹은 버릇없고 이기적인 아들과 딸이 돼도 괜찮다는 약점, 뜨거운 신앙으로 교회 봉사만 열심히 하면 이웃 사랑과 관계는 다소 삐거덕거려도 상관없다는 약점, 남에 대한 질투와 험담을 관심이라고 에둘러 표현하는 약점, 자신의 욕망 표출을 공익 실현이라고 합리화하는 약점이 사회적으로 노출되고 있다.

코로나 세상에서 우리는 신천지의 비상식을 충분히 경험했다. 위선의 큰절로 사과하는 이만희의 모습을 보며 눈물을 흘렸다는 신천지 신도들, 바이러스로 인해 몸과 마음이 힘들어도 자신이 신천지 신도임을 끝까지 드러내지 않았던 신도들, 지역 감염을 막기 위한 방역 당국의 최소한의 자료 제출 요구에 대해 최대한 조직과 신도를 보호하기 위해 불완전하고 제한적인 정보를 제공했던 신천지, 전 세계적인 고통과 아픔을 '마귀의 짓'으로 돌리고 책임 회피에만 집착했던 신천지, 이러한 비상식을 보며 비로소 대한민국의 모든 국민은 교회가 왜 '신천지 아웃과 출입 금지'를 외쳤는지 이해하게 되었다.

미국의 저명한 이단 연구자인 스티븐 하산(Steven Hassan)은 이단 단체들이 가지고 있는 미혹의 기술을 '마인드 컨트롤(Mind Control)'이라고 설명하고, '바이트 모델(BITE Model)'이라는 분석 틀을 제시한다. 습관통제(Behavior Control), 정보통제(Information Control), 사고통제(Thought Control), 그리고 감정통제(Emotional Control)의 네 영역의 첫 글자를 따서 만든 모델이다. 그는 이것을 가지고 미혹의 기술을 분석하는데, 이러한 통제를 통해 가스라이팅은 완성된다고 말한다.

첫 번째 미혹의 기술은 '습관통제(Behavior Control)'이다.
친밀한 관계성을 형성한 후 본격적인 교리교육을 진행하면서 옷차림, 교육 시간, 포교 시간, 소통 방법 등의 일상 습관을 강요한다. 신천지는 흰색과 검은색의 옷차림을 한 신도들이 줄을 맞춰 앉아서 예배를 드리고, 이후 이어지는 교육과 포교로 하루 24시간이 모자랄 지경이다. 다른 것은 생각할 시간조차 없을 정도의 바쁜 하루를 만들어 버린다.

두 번째 미혹의 기술은 '정보통제(Information Control)'이다.
인터넷이나 신문 등을 통한 상식적인 정보 습득을 교리적으로 정죄한다. 신천지는 이러한 정보들을 소위 선악과라고 가르치며, 먹으면 영적으로 죽는다고 하면서 두려움을 조성한다. 상식적인 정보와 사실들이 영적인 독약으로 믿어지는 순간, 신도들은 취사선택(取捨選擇)된 편협하고 제한된 정보

만을 진실로 받아들이게 된다. 이때부터 이단이 문자 등으로 보내는 내용들은 곧 거부할 수 없는 명령이 된다. '옳고 그름'의 상식은 사라지고, 오직 '순종과 불순종'의 비상식적인 논리가 지배하게 된다.

세 번째 미혹의 기술은 '사고통제(Thought Control)'이다.

교리교육으로 이끌기 위해 위장과 거짓말은 가장 기본적인 미혹의 기술이다. 수단과 방법을 가리지 않고 교육하면서 그들만의 왕국만 볼 수 있는 미혹의 안경을 씌워준다. 이단이 선물해 준 안경을 쓰는 순간 가족과 상식은 보이지 않고, 오직 신격화된 교주와 비상식만이 보이게 된다.

네 번째 미혹의 기술은 '감정통제(Emotional Control)'이다.

가정과 학업과 직장을 떠나온 외로운 신도들에게 마음을 주고 등이라도 비빌 수 있는 언덕은 이단 지도자들뿐이다. 이들의 미혹과 위장을 관심과 사랑으로 받아들이고, 자신은 못 입고 못 먹어도 온갖 명분의 헌금을 바치는 것은 전혀 아까워하지 않게 된다. 친밀함과 따뜻함을 무기로 한 이단의 미혹은 세상의 냉혹한 현실로 다시 돌아가고 싶은 생각을 접게 만든다.

세상은 코로나 전과 후로 나뉠 듯싶다. 사회적인 거리두기, 마스크 착용과 손 씻기 등 이러한 낯선 모습들이 앞으로는 새로운 상식(new normal)으로 자리 잡게 될 것이다. 새로운 상식은 교회 중심의 신앙생활로부터 하나님의 피조 세계 중심의 삶으로의 과격한 패러다임의 전환을 의미한다. 다람쥐 쳇바퀴 돌 듯 교회 안에 머무는 직제와 봉사와 선교를 넘어 이웃과 환경 사랑에 앞장서는 '세상 속의 그리스도인들'로 살아가는 것이 '새로운 상식'이 되어야 한다.

새로운 상식은 '하나님 사랑'과 '이웃 사랑'의 조건을 모두 충족했을 때 존경받을 수 있다. 하나님 사랑이라는 미명 아래 아집과 탐욕을 숨기는 것이 아니라 이웃 사랑 명령을 조건 없이 실천하는 것을 통해 하나님 사랑을 실천하는 단순하고 소박한 삶이다. 새로운 상식이 비상식적인 이단 바이러스에 대한 면역력을 강화할 수 있는 유일한 백신이다.

종말론 마케팅

국내에서 가장 주목받은 가스라이팅 사건은 1992년 10월 28일 시한부 종말론 소동이었다. 휴거를 기다리던 많은 이들이 가정을 뒤로하고 종말의 순간을 기다렸다. 물론 종말은 오지 않았고, 종말론 신도들의 통곡과 한숨만 남았다. 언론들은 '빗나간 그날'이라고 표현하며 시한부 종말론 신도들을 냉소적으로 바라봤다.

시한부 종말론은 비단 한국 개신교만의 문제는 아니었다. 초대 교회로부터 임박한 종말을 기다리던 금욕주의적인 소규모 종파들이 있어왔으며, 미국의 대표적인 이단들도 시한부 종말론에 뿌리를 두고 있다.

제칠일안식일예수재림교회(안식교, Seventh-day Adventist Church)는 1844년 10월 22일을 종말의 때로 주장했다. 하지만 종말은 오지 않았고, 창교자 윌리엄 밀러(William Miller, 1782~1849)는 사망한다. 이를 대실망(Great Disappointment) 사건으로 부른다. 이어 등장한 2대 지도자인 엘렌 화이트(Ellen White, 1827~1915)는 시한부 종말의 실패를 비성경적인 교리로 합리화하면서, 1844년 10월 22일에 종말은 시작되었고 이때 예수님이 하늘 지성소에 들어갔으며 현재 우리를 조사심판(Investigative Judgment)하고 있다고 주장했다.

건강식을 통해 안식교 이미지를 한국에 긍정적으로 소개했던 이상구 박사는 '십자가에서 최종적 구원이 완성되지 않앗으며, 최종적 구원을 결정하기 위해 각자의 품성을 조사하는 조사 심판이 진행 중이다'라는 안식교의 교리에 대해 "조사 심판은 반복음적 오류이며 폐기되어야 한다"고 공개적으로 비판하며 안식교를 떠났다.

또 다른 미국계 기독교 이단인 여호와의증인(Jehovah's Witnesses)도 시한부 종말론에 기초하고 있다. 이들은 1914년 시한부 종말을 주장했다. 찰스 러셀(Charles Russell, 1852~1916)에 의해 설립된 여호와의증인은, 1914년 하나님의 왕국이 도래했으며 예수님이 하늘에서 왕으로 즉위했다는 안식교와 유사한 시한부 종말론을 주장했다. 물론 종말은 역시 오지 않았다. 여호와의증인 신도들에게는 1914년에 시작된 제1차 세계대전이 세상의 종말처럼 보였는지는 모르지만, 이는 이후 연속된 전쟁의 시작일 뿐이었다.

시한부 종말론을 믿는 여호와의증인은 오늘날의 세상, 즉 종교와 정부와 상업 제도 모두를 사탄의 세상에 속한 것으로 바라본다. 그러면서 "짐승 같은 정부들이 사탄의 권세를 받았고, 상업 제도는 거짓 종교와 정부들과 더불어 이기심과 범죄 그리고 참혹한 전쟁을 조장하며, 사탄의 세상이 존재하는 한 그리스도인들은 그 악한 영향력에서 벗어나기 위해 계속 투쟁해야 한다"고 주장한다(여호와의 증인, 「우리는 지상 낙원에서 영원히 살 수 있다」).

대표적인 한국의 시한부 종말론 이단은 하나님의교회 세계복음선교협회다. 하나님의교회는 1988년부터 반복적으로 세상의 종말을 주장했다. 이들의 시한부 종말론은 법원도 인정한 바 있다. 서울고등법원은 2018년 6월 1일 "원고 교회(하나님의교회)는 1988년, 1999년, 2012년경에 시한부 종말론을 제시하여 여러 기독교 단체로부터 이단 지정을 받은 바 있고, 언론이 원고 교회의 시한부 종말론 제시에 대해 취재하거나 실제로 보도하기도 하였다"고 지적하는 한편, "원고 교회의 일부 신도들이 통상적인 정도를 넘어선 과도한 종교 활동과 헌금 등의 문제로 심한 가정불화가 발생하고, 이혼까지 이른 사례들이 있다"고 판단했다.

하나님의교회 2012년 시한부 종말론은 안식교의 교리에 기초하고 있다. 안식교 신도였던 하나님의교회 창교자 안상홍(1918~1985)은 그의 책 『신랑이 더디 오므로 다 졸며 잘새?』(16쪽)에서 "예수님께서도 서기 1844년 성력 7월 10일 대속죄일에 하늘 지성소에 들어가심으로 그때부터 하늘 성전을 건축하기 시작하여 168일, 즉 168년 만에 준공식이 되는 것으로 보여주고 있습니다"라고 전제한 후, "예수님이 하늘 지성소에 들어가시던 1844년에서 168년을 합하면 서기 2012년이 마지막 끝날이 되겠습니다"라고 주장했다. 즉 안식교가 주장한 종말의 시점인 1844년에, 안상홍은 모세가 지성소를 만드는 데 소요된 168일을 더해 2012년이 종말의 해가 된다고 해석한 것이다.

이단들은 상호 영향을 주고받으며 교리를 업그레이드한다. 그래서 이단들에게는 계보(系譜)라는 표현이 사용된다. 현재의 교주는 한때 다른 교주의 추종자였으며, 그 교리를 자신에 맞게 수정해 독자적인 자신의 세력을 만들어 분파하는 경우가 적지 않다.

기독교복음선교회(JMS)의 정명석은 통일교 신도였으며, 문선명을 '실패한 세례요한'으로 폄하한 후 스스로가 재림주가 되었다. 신천지의 이만희도 박태선의 전도관(1957년 입교)과 유재열의 장막성전(1967년 입교)에서 교리를 익혔으며, 이후 유재열을 '배도한 세례요한'으로 폄하한 후 1984년 독립해 신천지를 세웠다.

하나님의교회는 2012년 시한부 종말론을 주장했다. 하지만 그들의 실제적인 행보는 이율배반적이었다. 하나님의교회가 2012년에 건축하거나 매입한 건물들이 국내에만 30여 개 지역에 이르기 때문이다. 상당액이 소요되었을 것이다. 과연 하나님의교회 지도자들이 2012년 종말을 믿었는지에 대한 합리적인 의심을 갖게 한다.

반복적인 시한부 종말론이 계속 실패했음에도 불구하고, 하나님의교회 교세와 재정이 지속적으로 성장했던 기현상을 어떻게 설명해야 할까? 시한부 종말론이 실패해도 신도들은 왜 떠나지 않는 것일까? 교주인 안상홍이 사망했는데도 불구하고, 신도들이 이단을 떠나지 않고 계속 남아있는 심리는 무엇일까?

시한부 종말론을 맹신한 신도가 있다고 가정해보자. 사랑하는 사람들의 만류에도 불구하고 직장과 학교와 가정을 떠나 시한부 종말론에 심취했으며, 모든 것을 포기한 채 오로지 종말의 시간만을 기다렸다. 그리고 마침내 '종말의 그날'이 왔다. 하지만 아무런 일도 일어나지 않고 평범한 일상이 지속되었다. 이 혼란스러운 상황을 도대체 어떻게 설명해야 할까? 나를 말리던 가족들과 지인들의 얼굴들이 떠오른다. 창피하고 부끄럽다. 기대와 현실이 충돌하는 인지부조화의 상태에 이른다. 결국 스스로의 방어시스템이 작동한다. 즉 실패한 교리를 변개하거나 합리화하는 교주의 주장을 여과 없이 수용하며 다시 다가올 종말을 기다린다.

교주의 죽음도 마찬가지다. 주변의 반대에도 불구하고, '사람'을 '신'으로 믿고 인생을 걸었다. 그리고 오랜 기간을 추종하며 모든 것을 헌신적으로 바쳤다. 하지만 영생불사하리라고 믿었던 교주가 사망한다. 역시 심각한 혼동의 순간이다. 교주의 죽음을 받아들이자니 나의 선택이 잘못된 것임을 시인해야만 하는 뼈아픈 순간이 기다리고 있다. 가족들과 지인들의 얼굴을 보기 어렵고 창피해진다. 결국 자존감을 지키기 위해 교주의 죽음을 미화하거나 신격화하는 단계로 쉽게 넘어간다.

'이단에 미혹된다'라는 것은 믿고 싶은 것만 믿고, 보고 싶은 것만 보는 취사선택을 종교적으로 합리화하는 과정에 들어선 것이다. 이 점에서 시한부 종말론의 실패는 문제의 끝이 아니라 새로운 시작을 의미한다.

'시한부 종말론'은 특정한 날을 정하여 종말을 주장한다. 반면 '조건부 종말론'은 특정한 조건을 제시한 후, 그 조건이 충족되면 종말이 온다고 주장한다. 따라서 시한부 종말론은

가스라이팅 이단

종말의 때에 아무런 일 없이 지나가면 수그러드는 경향이 있지만, 조건부 종말론은 종말의 조건을 수시로 변경할 수 있다.

종말론의 조건을 필요에 따라 변경할 수 있는 이유는, 이단에는 있고 교회에는 없는 것이 하나 있기 때문이다. 즉 이단들에게는 '신격화된 교주의 존재'가 있다. 교회는 하나님의 기록된 말씀인 성경과 교회의 전통적인 신앙고백을 수정할 수 없지만, 직통계시를 받거나 스스로 전능자임을 자처하는 신격화된 교주는 성경뿐만 아니라 자신이 과거에 주장했던 교리마저도 쉽게 변개할 수 있다.

예를 들어 14만 4000명의 신도가 채워지면 영생을 얻고 세상의 왕과 같은 제사장이 될 수 있다고 주장했던 신천지는, 신도 수가 14만 4000명을 넘자 교리를 변경했다. 즉 처음에는 무조건 14만 4000명이면 된다고 하더니, 최근에는 '하나님의 마음에 합한 자들'의 수가 14만 4000이 되어야 한다고 주장한다. '하나님의 마음에 합한 자들'이라는 주관적인 조건을 과연 누가 판단할 수 있을지 난감하다.

2018년에는 신천지 신도들을 대상으로 소위 '인 맞음 확인 시험'을 실시했다. 신천지의 주장대로 만약 신도 수가 20만명을 넘었다면, 대략 5만 6000명의 신도들의 운명은 과연 어떻게 되는 것일까? 복잡한 교리적 합리화가 아니라 상식적인 답변이 궁금하다. 성경은 비유와 비사로 이루어져 있다고 주장하는 신천지가 14만 4000 등의 숫자를 그대로 받아들이는 자가당착적인 모습을 이해할 수 없다.

신천지가 발간한 「신천지 12지파 인 맞음 확인 시험」이라는 소책자에 따르면, 요한계시록에서 300문제가 출제되는 1시간 동안의 시험을 "나이와 직업, 지위고하를 막론한 신천지 …… 성도가 생각과 마음에 하나님의 말씀을 온전히 새겼는지를 확인하는 시험"이라고 소개한다. 사람이 출제한 300개의 문제 풀이의 합격 여부에 따라 '하나님의 말씀을 온전히 새겼는지를 확인'한다는 사실이 당혹스럽다. 결국 그 결과를 확인하는 권한을 가지고 있는 자가 신격화된 교주 이만희인 것이다. 이러한 비상식적이고 몰상식한 주장이 누군가에게는 상식이 되고, 이를 위해 인생을 걸고 가정마저 포기하는 현실이 안타까울 뿐이다.

일반적으로 시한부 종말론이나 조건부 종말론 주장이 실패해도 이단 조직은 건재함을 보여준다. 심지어 아무런 죄책감조차 느끼지 않고, 새로운 종말의 시간 혹은 조건을 새롭

가스라이팅 이단

게 재설정한다. 하나님의교회는 1985년에 자칭 하나님 안상홍이 사망하고 1988년, 1999년, 2012년의 시한부 종말론이 실패했지만, 오히려 교세는 꾸준히 확장해 오고 있다. 신천지는 14만 4000 신도 수가 넘어섰지만, 멈추지 않는 포교를 진행하고 있다.

의심할 여지 없이 종말론이 실패할 때마다 새로운 종말의 날과 조건이 재설정될 것은 자명하다. 그리고 신도들은 새롭게 설정된 종말의 날을 기다리는 스스로의 희망 고문을 시작하거나, 새로운 종말의 조건을 충족하기 위해 무한 경쟁을 시작하게 될 것이다. 안타깝지만 이단들의 잘못된 종말론이 실패해도, 그리고 영생한다는 교주가 사망해도 이단 조직은 끈질긴 생명력을 보여준다.

종말론의 실패나 교주가 사망하는 순간은 이단 문제의 '끝'이 아니라 새로운 문제의 '시작'이라고 할 수 있다. 종말론의 실패나 교주의 죽음으로 인해 신도들의 이탈이 이루어질 수 있다. 하지만 기억해야 할 점은 이단에서 빠져나온 신도들이 교회로 쉽게 오지는 않는다는 사실이다. 이들은 대부분 이단뿐만 아니라 교회도 싫은 공황 상태에 이르게 된다. 이때가 바로 회복과 치유를 위한 노력이 필요할 시점이다.

만약 교회와 가정이 이단 탈퇴자들을 사랑으로 보듬지 못한다면, 이들은 또 다른 이단들에게 다시 미혹될 위험성이 있다. 이단으로부터 회복되기 위한 오랜 인내의 시간이 필요하다. 거짓된 이단의 교리가 빠져나간 텅 빈 공간이 참된 하나님의 말씀으로 채워지지 않는다면, 이단 피해가 온전하게 치유되고 회복되었다고 말할 수 없다.

기독교는 종말론적이다. 하지만 교회의 종말론은 우리의 삶을 더욱 건강하고 풍요롭게 만든다. 내가 죽거나 주님 다시 오실 때까지 하루하루 평범하게 예수 그리스도처럼 살면서 그분을 전하는 삶을 살 때, 종말의 때와 조건은 우리의 삶에 어떠한 부정적인 영향을 미칠 수 없다.

성경은 시한부 종말론에 대해 "그 날과 그 때는 아무도 모르나니 하늘에 있는 천사들도, 아들도 모르고 아버지만 아시느니라"(마가복음 13:32)고 경고한다. 따라서 "그 날과 그 때"를 제시하는 이가 있다면, 이는 스스로를 하나님이라고 생각하는 적그리스도임을 노출하는 것이다.

또한 성경은 영성의 조건에 대해 "하나님이 세상을 이처럼 사랑하사 독생자를 주셨으니 이는 그를 믿는 자마다 멸망하지 않고 영생을 얻게 하려 하심이라"(요한복음 3:16)고 분명히 말씀한다. 예수님을 믿어 얻는 영생이 아니라 14만 4000등 이단들이 정한 조건을 충족해야 영생을 얻는다는 주장은 아전인수식의 자의적 성경해석일 뿐이다.

웨스트민스터신앙고백(6.182)도 최후의 심판에 대해, "[그리스도는] 심판의 날이 있다는 확실한 신념을 우리들로 하여금 가지도록 원하신다. 그러나 그날을 사람들에게 알리지 않는 것이 그의 뜻이다"라고 전제한 후, "그것은 그들이 주님이 어느 때에 오실는지 알지 못하기 때문에 모든 육적인 안전을 떨쳐 버리고 항상 깨어 있게 하시려는 것이며, 언제나 준비된 마음으로 '주 예수여 오시옵소서. 속히 오시옵소서' 하고 말하도록 하시려는 것이다"라고 고백한다.

홈쇼핑 화면 속에 나타나는 '마감 시간'(시한부) 혹은 '선착순'(조건부)이라는 안내가 소비자의 충동구매를 부추기고 결국 필요하지도 않은 물건을 사게 하는 것과 유사한 것이 이단들의 종말론이다. 이단들의 거짓 짝퉁 종말론은 비싼 대가를 지급하면서까지 사고, 대가 없이 주어지는 교회의 명품 종말론은 관심조차 두지 않는 현대 기독교인들의 심리가 자못 궁금하다.

'시한부 종말론'과 '조건부 종말론'이라는 유통기한이 지나

버린 불량식품이 날개 돋친 듯이 팔리는 세상을 살고 있다. 이단들은 판매 시간이 얼마 남지 않았다고 시한부적 위기감을 조장하거나, 판매할 수 있는 물건의 수량이 얼마 남지 않았다며 다양한 조건을 내걸며 신속한 구매를 충동질한다. 이단들의 허위 과장광고 및 불공정한 거래 행위를 규제할 대책 마련이 시급하다. 이단들에게 훼손당한 건강한 종말론을 바르게 세워야 한다.

한편 종말을 팔아 장사하는 이단들도 문제지만, 종말을 잊은 듯 좌충우돌하는 교회 역시 문제다. 예전에는 교회가 사회를 걱정했는데, 요즘은 사회가 교회를 걱정한다고 한다. 예전에는 교회의 이단 대처를 주변 사회가 공감해 주었는데, 요즘은 교회의 이단 규정에 대해 "너나 잘하세요!"라는 쓴소리가 들린다. 교회가 문제인가, 이단이 문제인가?
한국 교회를 향한 한국 사회의 냉소적이고 날카로운 비판이 고맙다. 그 이유는 이러한 비판 속에서 교회를 향한 애정을 감지할 수 있기 때문이다. 우리 사회는 한국 교회가 구한말, 일제강점기, 6·25전쟁, 군사정권 하에서 행한 민족 사랑의 순기능을 기억하고 있다. 이로 인해 교회를 향한 높은 기대치를 가지고 있는 것이다. 그렇기에 교회의 모습이 변질되

가스라이팅 이단

어 가면 갈수록 교회를 향한 비판의 목소리도 점점 커질 수밖에 없다.

이제는 교회가 응답할 차례다. 사회의 비판을 잘 새겨듣고 한국 교회 스스로 자기 개혁을 멈추지 않을 때, 우리는 500여 년 전 종교개혁 때처럼 다시 한번 '개혁의 주체'가 될 수 있다. 하지만 사회의 염려와 합리적인 비판을 외면했을 때, 우리는 개혁의 주체가 아니라 '개혁의 대상'으로 전락할 수 있다. 오늘날 한국 교회는 미래의 운명이 걸린 갈림길에 서 있다.

영생불사 교주의 죽음

이단 교주의 죽음은 문제의 끝이 아니라 새로운 시작이다. 신이라고 믿었던 교주의 죽음은 신도들에게 고통스러운 순간이다. 그렇기에 교주의 주검을 눈앞에 두고도 교주의 죽음을 부인하거나 부활할 것이라는 허황된 믿음으로 주검을 방치하는 비상식적인 일까지 일어난다. 이해는 된다. 그래야만 버틸 수 있기 때문이다.

사랑하는 가족들과 지인들의 반대를 무릅쓰고, 심지어 가족을 포기하면서까지 인간 교주를 불로불사 영생불사의 신으로 숭배하며 추종했는데 그 신이 사망한 것이다. 공황 상태다. 교주의 죽음을 받아들일 수 없다. 죽음을 받아들이는 순간, 자신의 선택이 실패했다는 것을 스스로 인정하는 꼴이 되기 때문이다. 종교적 인지부조화의 순간이다.

자신이 기대했던 것과 전혀 다른 현실에 직면하게 되었을 때, 현실을 받아들이기보다 아전인수식으로 해석하는 편을 선택한다. 그래야만 가족들과 지인들의 애틋하지만 냉소적인 시선으로부터 자신의 자존감을 지킬 수 있다고 생각하기 때문이다. 그렇기에 교주가 죽지 않았다고 주장하거나, 혹은 그 죽음을 미화하고 신격화하면서 스스로를 위로하는 단계로 쉽게 넘어간다.

교주가 사망한 후에도 이단 단체에 계속 남아있기로 결정한 이들은 각기 다른 셈법을 가지고 있다. 누군가는 사리사욕을 계속 채우기 위해 사망한 교주를 이용한다. 누군가는 자신의 선택이 틀리지 않았다는 것을 보여주기 위해 교주의 죽음을 스스로 합리화한다. 그리고 또 누군가는 돌아갈 곳이 없어 이단 단체에서 자포자기 상태로 계속 머무는 편을 선택하기도 한다.

결국 교주의 죽음은 문제의 해소점이 아니라 새로운 전환점이 된다. 6·25전쟁 이후 수많은 기독교 이단들이 발흥했고, 흥망성쇠를 거친 교주들은 예외 없이 사망했다. 하지만 교주가 사망한 후에도 유사한 이단 단체들은 여전히 질긴 생명력을 유지해 오고 있다.

예를 들어, 이미 사망한 구인회 교주를 재림 예수라고 주장하며 서울 한복판에서 그의 사진이 담긴 전단 벽보를 붙이는 재림예수교 전국복음전도회 소속 신도들은 아직도 포교활동을 하고 있다.

스스로를 '구세주'와 '하나님'이라고 주장했던 문선명 교주는 사망했지만, 통일교는 여전히 막강한 영향력을 행사하고 있다. 그의 부인 한학자는 자신을 '6천 년 만에 탄생한 독생녀'라고 주장하며, 스스로 신이 되어 통일교를 이끌고 있다.

오대양 사건과 세월호 사건으로 세간의 관심을 끌었던 유병언은 사망했지만, 구원파 기독교복음침례회는 여전히 활동을 이어가고 있다. 오히려 두 사건을 거치며 충분한 학습효과와 면역력을 키운 모습이다.

하나님의교회는 1985년 사망한 교주 안상홍을 '재림 그리스도'와 '아버지 하나님'으로 신격화하고 있다. 게다가 소위

'어머니 하나님' 장길자를 중심으로 국내외에서 교세를 지속적으로 확장하고 있다. 1988년, 1999년, 2012년의 반복적인 시한부 종말론의 실패에도 불구하고 수많은 신도들은 또다시 종말의 때를 기다리고 있다.

만약 신천지 이만희 교주가 사망하면, 신천지가 없어질까? 물론 역사 속의 다른 이단들처럼 언젠가는 반드시 몰락할 것이다. 하지만 당장은 아니다. 이만희 교주가 사망하면, 일단 신격화 교리가 업그레이드될 것이다. 그리고 포스트 이만희를 노리는 추종자들은 이만희를 이용해 자신의 정통성을 내세우며 조직을 장악한 후, 마침내 자신들의 욕심을 채울 것이다.

주목할 점은 이단 교주의 죽음을 계기로 이단을 떠나는 탈퇴 피해자들이 있다는 사실이다. 이단이 싫어서 떠난 탈퇴자들의 경우, 반드시 교회를 대안으로 선택하는 것은 아니다. 일반적으로 이단도 싫고 교회도 싫은 혼동과 혼란의 시간을 보내게 된다. 피해 치유와 회복을 위한 절체절명의 시간이다.

이때 교회와 가정이 이단 피해자들을 따뜻하게 품어내지 못하면, 피해는 반복적으로 발생할 수밖에 없다. 부활 없는 인

가스라이팅 이단

간 교주의 죽음을 미화하는 이단들의 가스라이팅으로부터 온전히 벗어나 부활하신 예수 그리스도께 돌아올 수 있는 길을 준비하는 교회의 선견지명이 필요하다.

K-이단의 해외 진출

예전에는 해외 선교사님과 이민 교회의 이단 관련 정보 제공 요청이 있을 때마다 난감했다. 자료를 보낼 방법도 복잡했고, 더욱이 현지 언어로 번역해서 제공하는 것도 쉽지 않았기 때문이다. 하지만 심각한 피해가 발생한 경우, 공신력 있는 정보의 제공과 상담은 절박하고 시급한 문제였다. 하루에도 몇 차례씩 이메일로 교신하거나, 답답할 때는 직접 전화로 소통했다.

요즘에는 「현대종교」의 모든 기사를 PDF로 만들기 시작했다. 이후 해외에서 문의가 있으면 업데이트된 관련 이단 정보 및 유사 피해 사례 기사들을 이메일에 파일로 첨부하여 신속하게 보낼 수 있게 되었다. 그뿐만 아니라 최근에는 홈페이지와 SNS를 통해 실시간으로 효과적인 정보 공유를 위해 노력하고 있다.

하지만 대부분의 자료들이 한국어로만 되어있기에, 현지에서 정보를 활용하는 데는 여전히 한계가 있다. 이민 교회와 해외 선교사님들이 해당 정부와 관계 기관에 이단 문제의 위험성을 알리고 협조를 구하기 위해서는 관련 자료를 해당 국가의 언어로 번역하는 수고를 해야만 하기 때문이다. 그만큼 외국어로 번역된 이단의 정보가 절실한 상황이다.

2021년 4월 『한국어·영어·중국어로 간추린 이단 바로 알기』를 발간했다. 「현대종교」의 이단 관련 정보들을 간추려 영어와 중국어로 번역한 e-Book이다. 국내외에서 활동하는 주요 이단 단체들에 관한 정보가 총 332쪽에 담겨있다. 신천지, 다락방, 구원파, 하나님의교회, 지방교회, 사랑하는교회, 통일교, JMS, 안식교, 예수중심교회, 만민중앙교회, 여호와의 증인, 몰몬교, 전능신교, 성락교회, 은혜로교회 등 16개 단체들이다.

영어로 번역한 이유는 대다수 국가들에서 영어 자료에 대한 이해와 접근성이 좋기 때문이고, 중국어는 최근 한국 이단들로 인한 대규모 피해가 중국어권에서 발생하고 있기 때문이다. 중국 본토는 물론이고, 대규모 차이나타운이 형성된 세계 곳곳에서 한국계 이단들의 행태가 문제가 되고 있다. 이러한 필요성을 공감하여 이름조차 밝히지 않은 채, 아무런 대가도 없이 번역을 자원해 준 L 변호사님과 S 선교사님의 수고가 너무 감사할 뿐이다.

해외에서 이단 문제를 겪게 되면 '고립감'과 '막막함'이 가장 먼저 찾아온다. 그뿐만 아니라 대처의 한계로 인해 '좌절감'과 '패배감'에 빠져버리기도 한다. 국내와는 달리 전문 단체나 공권력의 도움을 받기도 쉽지 않고, 게다가 이단 단체들의 영향력이 우세한 지역에서는 도리어 추가적인 피해를 보는 억울한 일까지 발생한다.

만약 이민 교회 목회자나 선교사님이 단독으로 개별적인 이단 대처 활동을 할 경우에는 이단들의 집중 타깃이 되거나 불이익을 감수해야 한다. 따라서 지역별 한인교회협의회나 선교사연합회를 통해 연합으로 대처하는 것이 효과적이다. 하지만 이 또한 교민 사회가 조직화된 북미, 서유럽, 대양주 등에서만 가능하다. 상대적으로 이단들의 세력이 강한 남미, 아프리카, 동유럽, 동서남아시아 지역에서는 이조차도 어려운 상황이다.

해외에서는 이단과 정통의 구분이 무의미한 경우도 다반사다. 게다가 소속 교단들이 발 벗고 나서서 이민 교회와 선교사님들에게 도움을 주기도 어려운 형편이다. 관련 담당자 및 이단대책위원들의 정기적 교체로 인해 지속이 가능한 이단 대책 마련이 어렵기 때문이다.

이단에 대한 대처가 없는 해외 선교는 밑 빠진 독에 물을 붓는 것과 같다. 교회가 경쟁적으로 우후죽순 해외 선교를 진행하는 동안 이단들은 조직력과 경제력을 갖춰 선교지 곳곳을 파고들고 있기 때문이다.

현지 교회와 성도들은 한국 이단들에 대한 분별력을 갖추지 못한 채, K-팝과 K-문화로 중무장한 이단들의 친절하고 치밀한 접근에 속수무책으로 무장해제당하고 있다.

이민 교회와 해외 선교사님들의 복음전도와 선교사역을 위해 필요할 경우, 「현대종교」(hd4391@hdjongkyo.co.kr)로 문의하면 『한국어·영어·중국어로 간추린 이단 바로 알기』 e-Book을 무료로 제공받을 수 있다.

이단 2세들의 고민과 아픔

개신교에서는 '모태신앙'이라 하고, 천주교에서는 '태중교

우'라 부른다. 부모의 신앙으로 자연적으로 주어지는 호칭이다. 신앙적으로 특혜(特惠), 즉 특별한 은혜인 것은 분명하다. 태어나기 전부터 남다른 신앙적 분위기 속에서 자라났다는 모태신앙인을 보면 왠지 종교적 심성이 남다를 것 같다. 요즘 '모태솔로'라는 표현으로 희화화됐지만, 신앙적으로는 여전히 긍정적 이미지가 담겨 있다. 이처럼 운명적으로 주어진 선물 같은 모태신앙과는 달리 다종교 한국 사회에서 자신의 소속을 드러내기 꺼리는 종교단체들, 특히 이단으로 분류된 단체에 속한 2세들의 고민과 아픔이 점점 깊어지고 있다.

1세대 이단 신도들의 경우 스스로 그 단체를 선택했고, 가족들과 지인들과의 관계도 스스로 단절했으며, '이단'이라 비웃음당하는 것을 감수하면서까지 자기 선택을 고수했지만, 2세들의 경우는 사정이 다르다. 자신의 의지와는 무관하게 얻게 된 '이단' 표식은 거부할 수도 없다. 사랑하는 가족들을 포기할 수도 없고, 게다가 경제적으로 독립할 수도 없는 상황이라면 체념한 채 운명으로 받아들일 수밖에 없다. 그뿐만 아니라 고민을 털어놓을 상대조차 없이 고립된 환경에 머물러 있는 경우가 적지 않다. 이들은 '이단'이라는 소리를 들을까 부담스러워 누군가 종교를 물으면 기독교라고 두루

뭉술하게 답변한다. 종교 인구 조사나 이력서에도 기독교라 표시하고는 혹시라도 자신의 소속이 드러날까 봐 마음을 졸인다. 종교의 자유를 헌법에서 보장하는 대한민국에서 일어나는 일이라고 보기에는 안쓰럽기만 하다.

이단은 '정죄와 분리'가 아니라 '치유와 회복'의 대상이다. 이단 규정을 전가의 보도처럼 휘두르며 교권을 장악하거나 정적을 제거하는 수단으로 삼는 것은 악(惡)이다. 이단에 빠진 이들도 피해자고 그 가족들도 피해자이며, 아무런 선택의 여지없이 이단 단체에 속한 가족의 일원으로 태어난 2세 역시도 연약한 피해자이다. 사랑과 긍휼에서 제외되는 하나님의 백성은 없다. 하나님은 '하늘과 땅, 그리고 보이는 것이나 보이지 않는 모든 것들을 만드신 분'(니케아, 콘스탄티노플 신조)이시기 때문이다.

이단의 헬라어원은 '하이레시스', 즉 '선택'이라는 뜻이 있다. 출생과 함께 자연적으로 교회에 속했던 이들이 스스로 다른 믿음을 선택해 신앙공동체를 떠나는 것을 의미했다. 하지만 이단 2세들의 경우 이러한 선택과 무관하다. 그저 '운명'처럼 주어진 종교적 정체성인 것이다.

최근 다행스러운 현상은 이단 2세들이 온라인에서 익명성을 갖고 서로 소통하고 있다는 사실이다. 신천지, 통일교, JMS, 만민중앙교회 등에서 탈퇴하거나 탈퇴를 고민하는 2세들의 솔직한 이야기들이 SNS에 나타나고 있다.

일본과 미국에도 소위 '컬트(cult)' 2세들의 고민이 수면 위로 떠오르고 있다. 자신이 속한 그룹을 떠나면 저주받고 지옥에 간다고 믿었던 2세들이 조심스럽게 세상 밖으로 나오고 있다.

교회는 이단 2세들의 고민과 아픔을 공감하고 회복과 치유를 위해 관심을 가져야 한다. 이들의 언어와 태도에서 어쩔 수 없이 드러나는 이단의 흔적이 있어도 그대로 품고, 자신의 상처를 치유하는 용기와 새로운 일상을 위한 도전을 애틋한 마음으로 응원하면 좋겠다.

이단 2세들의 고민과 아픔도 걱정이지만 요즘 한국 교회의 모태신앙 2세들도 와신상담 집과 교회를 떠나는 날만 기다리고 있는 것 같아 불안하다. 많은 교회학교 초등학생들이 중·고등학생이 되면 급격히 감소하고, 청년·대학생이 되면 급기야 집과 교회를 떠나 '모태신앙'을 감추고 살아가고 있는 일이 만연하고 있다.

이단은 '친절'하게 다가와

'친밀'한 관계를 형성한 후 '치밀'하게 미혹한다.

이단의 '친절'과 '친밀'은 '치밀'한 가스라이팅으로 이어진다.

2

이단,
그 친절함에 대하여

이단은 '친절'하게 다가와 '친밀'한 관계를 형성한 후 '치밀'하게 미혹한다. 이단들의 친절함에 대해 초대 교회 교부 터툴리안은 "이단들은 무너진 건물을 세우는 일보다 서 있는 집들을 무너뜨리는 일을 더 쉽게 한다. 이를 위해 이단들은 겸손하고 예의 바른 것처럼 행동한다"고 그 속내를 간파했다. 이단의 '친절'과 '친밀'은 '치밀'한 가스라이팅으로 이어진다.

이단, 그 친절함에 대하여 1.
이단들은 거절하기 힘든 친절 공세로 다가온다.

친절함은 이단들의 최애 포교 아이템이다. 그동안 신천지는 주로 사전에 수집된 정보를 기초해 설계된 만남을 통해 친절을 베풀었다. 하지만 마스크의 답답함과 거리두기의 고립감 속에 머물러 있는 요즘, 이단들은 자신들이 누구인지도 밝히지 않은 채 친절하고 흥미로운 온라인 콘텐츠로 다가온다. 노략질하려는 이리들이 양의 옷을 입고 부드러운 미소로 다가오는 형세이다.

이단, 그 친절함에 대하여 2.
일단 접근에 성공하면, 친밀한 관계 형성을 시도한다.

눈높이에 맞춰 필요한 것을 제공한다. 코로나 이전에는 거 짓과 위장을 통한 대면 접근이 주를 이루었다. 캠퍼스의 경 우 도서관, 식당, 카페에 혼자 앉아있는 신입생들이 이단들 의 주된 포교 대상이었다. 하지만 코로나 이후에는 비대면 포교가 온라인에서 시공을 초월해 이루어지고 있다. 최근에 는 신천지 브이로그(자신의 일상을 동영상에 담는 비디오와 블로그 의 합성어)까지 등장했다. 신천지 청년이 하루의 일상을 재미 있게 편집해 보여주면서, 신천지 신도들도 평범한 이웃이라 는 점을 부각하며 흥미를 유발하고 있다. 신천지의 모략 포 교가 공개 포교로 전환되고 있음을 감지할 수 있다.

이단, 그 친절함에 대하여 3. 친밀한 관계가 형성되면, 드디어 치밀하고 치명적인 미혹이 시작된다.

최근에는 각종 SNS를 기반으로 한 이단들의 포교 활동이 거침없이 전개되고 있다. 일단 친밀한 관계가 형성되면, 치 밀한 미혹과 통제로 발전한다. 가족과의 관계와 공신력 있 는 정보는 단절되는 반면, 이단 교주와 신도들에 대한 맹목 적인 의존도는 점점 심화된다. 보고 싶은 것만 볼 수 있고 듣고 싶은 것만 들을 수 있는 온라인 시대는 이단의 미혹과 통제의 새로운 환경을 제공해 주고 있다.

이렇듯 '친절'함에 포위당하고 '친밀'함에 사로잡힌 후에는 '치밀'한 미혹을 당해낼 재간이 없다. 옳고 그름의 상식적인 판단 잣대는 온데간데없고 비상식적인 복종의 삶을 살아가게 된다. 가정·학업·직업을 뒤로하고, 교리 학습과 포교 활동이 삶의 우선순위를 차지하게 된다. 점점 주변 관계로부터 고립되어 가는 자신의 모습을 왜곡된 선민의식으로 스스로 합리화하면서 이단 단체를 선택한 명분을 찾게 된다.

코로나로 인해 야기된 불안·불만·불편과 함께 심각한 사회적 양극화와 상대적 박탈감으로 인한 피로가 점점 쌓이고, 일상에 깊이 스며든 불확실성과 불안정성이 사회 곳곳에서 스멀스멀 혹은 격렬하게 표출되고 있다. 민감하고, 초조하며, 막연해진 모습의 코로나 세상이다. 설상가상으로 이단들은 온·오프라인을 가리지 않고, 보암직하고 먹음직한 것을 가지고 친절하게 다가온 후 친밀한 관계를 형성하고 거부하기 힘든 치밀한 가스라이팅식 미혹으로 우리를 서서히 무너뜨리기 위한 간계를 꾸미고 있다.

2021년 3월 24일 이만희 교주의 특별지시에 따라, 신천지 12지파는 '적극적인 비대면 포교'를 본격적으로 진행하기 시작했다. 신천지가 최근 발간한 「안녕하세요 신천지입니

가스라이팅 이단

다」라는 홍보 책자에는 '방역 수칙 준수', '혈장 공여', '신천지 자원봉사단'을 선전하는 내용과 함께 '온라인 신학', '온라인 수료식', '온라인 예배', '온라인 기도회', '인터넷 시온 선교센터' 등의 비대면 온라인 포교, 교리교육, 신도 통제가 전면적으로 실시되고 있는 현황을 여실히 보여주고 있다. 이 책자에 적힌 "이제 장소와 시간에 제약 없이 생명의 말씀이 당신을 향합니다!"라는 신천지 홍보 문구가 섬뜩하게 다가온다.

이단 트렌드

신천지가 커밍아웃하며 모략 포교와 공개 포교를 병행하고 있다. 중고거래 플랫폼인 당근마켓 채팅을 통해 접근한 후 신천지 신도임을 노골적으로 밝히며 포교를 시도하거나, 미국 뉴욕 맨해튼 전광판에 신천지 홍보를 진행하는 등 국내외에서 대담한 노출이 이어지고 있다.

신천지 포교 전략에 변화가 감지된다. 코로나로 신천지 거점과 핵심 관계자의 신분이 노출되면서 예전처럼 거짓 위장 포교를 진행하기가 쉽지 않을 뿐 아니라, 사회 전반에 걸쳐 부정적 이미지가 퍼진 상황에서 모략 포교를 진행하기도 부담스러운 것으로 분석된다. 게다가 신천지의 사회적 역기능으로 신천지 2세들의 자존감이 하락하고 있고, 새로운 신도 영입도 예전 같지 않다. 따라서 신천지의 커밍아웃은 불가피한 선택처럼 보인다.

향후 두 가지 진로가 예측된다. 소위 '에펠탑 효과(Eiffel Tower Effect)'처럼, 비록 부정적인 모습이기는 하나 커밍아웃을 계속하다 보면 신천지도 우리 사회의 한 일원으로 서서히 자리매김하는 결과가 나올 수 있다. 혹은 비성경적이고 반사회적 정체가 드러나면서 몰락으로 이어질 수도 있다. 신천지의 흥망성쇠를 결정짓는 변곡점이 점점 다가오고 있다.

하나님의교회 부동산 매입도 점입가경이다. 「현대종교」의 하나님의교회 부동산 현황 조사에 따르면 하나님의교회는 2000년 이후 전국 195개 건물을 매입했으며, 이들 중 매입가가 확인된 122곳의 매입 총액은 4671억 원이었다. 이윤 창출이 가능한 사업 기반이 거의 없는 하나님의교회 경우, 대부분 자금이 신도들의 헌금을 통해 조성됐을 개연성이 크다. 특히 하나님의교회가 종말을 주장하던 2012년에 집중 매입이 이루어졌다는 점이 아이러니하다.

가스라이팅 이단

충격적인 사실은 하나님의교회가 최고가로 매입한 건물들이 이전에는 기성 교회였다는 것이다. 2021년 현재 1위는 경기 성남 분당에 있는 교회 건물로 2014년 매입가는 288억 원이었다. 2위는 서울 강남에 있는 교회 건물로 2012년 140억 원에 매입했다. 더욱이 매도자가 확인된 165곳 중 기성 교회가 매도한 경우가 절반에 가까운 80곳에 이른다. 개인을 내세워 매입했기에 교회로서도 확인할 길이 없었다고는 하지만, 아쉬움과 안타까움을 금할 수 없다. 왜냐하면 기성 교회를 매입한 후 하나님의교회가 제일 먼저 하는 일은 십자가를 훼손하는 일이기 때문이다.

종교사회학자들에 따르면, 신흥 이단들의 안정적 거점 확보는 정착을 위한 마지막 필요 조건이다. 이를 통해 내부 반발 세력과 신도들을 효과적으로 통제하고, 조직을 지속해서 관리할 수 있기 때문이다. 1대 교주 안상홍 사후에 2대 교주 장길자 체제로 세대교체를 이룬 후 성장을 거듭하고 있는 하나님의교회 부동산 확장을 주목해야 할 이유가 바로 여기에 있다.

구원파의 온라인 활동도 타의 추종을 불허한다. 국내외에서 시·공간을 초월해 진행되고 있기 때문이다. 기존 대규모 세미나에서 이제는 세련된 콘텐츠로 무장한 비대면 온라인 집회로 전환하고 있다. 「현대종교」 취재에 따르면 코로나 이후 대부분의 활동을 온라인으로 전환하고, 실버·유스·키즈 등 전 연령을 대상으로 한 온라인 캠프를 개최하고 있다. 또한 국내 거주 외국인에 대한 집회뿐 아니라 필리핀, 대만, 러시아, 일본, 콜롬비아, 미국 등지에서도 온라인 캠프를 개최해 포교 및 기존 신도 관리를 시도하고 있다고 한다.

한 치 앞도 알 수 없는 예측불허의 포스트 코로나 상황 속에서 이단 문제 역시 불확실성에 머물러 있다. 코로나는 이단 문제의 새로운 변곡점이었다. 코로나 환경의 불안정과 신천지의 사회적 노출은 이단 트렌드를 획기적으로 바꿔놓았다. 그러면 향후 예상되는 이단 트렌드를 살펴보자.

첫 번째 이단 트렌드는 '온라인'이다.

코로나 이후 이단들은 특정 거점에서 정기적으로 회동하는 전통적 활동 유형들을 뛰어넘고 있다. 인터넷을 통해 '시간'과 '장소'와 '연령'을 초월해 미혹하는가 하면, 유튜브 등 다양한 소셜 미디어 곳곳에 미혹의 덫을 치고 방문자들을 기다린다. 더욱이 대중은 이제 스스로 손품을 팔아 이단·사이비 콘텐츠들을 찾아 기웃거린다. 현재의 비대면 거리두기 상황은 이단들에게 결코 악조건이 아니다. 앞으로는 온라인 환경을 적극 활용하는 이단들의 포교와 교육, 그리고 통제가 더 광폭 행보를 보일 전망이다.

두 번째 이단 트렌드는 '업그레이드'이다.

미국 캘리포니아대 종교연구소는 코로나 이전 신흥종교운동들의 성공 요인에 대해 신격화된 교주의 존재, 새로운 교리의 제시, 세력 형성, 거점 확보 등이라고 분석했다. 이러한 조건들은 6·25전쟁과 함께 본격적으로 발흥해 정착한 한국 이단들의 특징들과도 일치한다.

하지만 코로나 이후 이단들은 이러한 전통적인 조건을 빠르게 업그레이드했다. 우선 교주의 신격화를 노골적으로 주장하지 않지만, 실제로 모든 권력과 부가 교주에게 집중하는 시스템을 구축했다. 또한 성경 내용을 아전인수식으로 해석하는 것을 넘어, 최신 심리상담기법이나 교육시스템 등을 적용해 미혹한다. 그리고 대규모 대면 집회보다는 온라인을 통해 불특정 다수에게 광범위하게 접근한다. 오프라인 거점 확보에 집착하지도 않는다. 위장과 거짓말이 쉽고, 시·공간 제한도 받지 않는 사물인터넷 세상이 이들의 거점이기 때문이다.

세 번째 이단 트렌드는 '벤치마킹'이다.

신흥종교연구가 故 이강오 교수에 따르면 한국의 신흥종교운동은 서양과 유사한 창교(創敎)형·개조형·분파형도 있지만, 한국만의 차별화된 조합형과 기업형도 있다. 조합형은 신흥종교운동들이 서로를 벤치마킹하며 혼합주의적 성격을 갖게 된다는 것이고, 기업형은 종교적 목적보다는 사리사욕을 채우기 위해 온갖 착취를 자행하는 사이비적 특징이 있다.

코로나 이후 이단들은 조합형과 기업형의 특징들이 치밀하게 결합한 모습을 보여준다. 온라인 세상에서 이단·사이비들은 실시간으로 범죄적 노하우를 서로 벤치마킹하는 한편, 사회의 폐쇄적 사각지대에 숨어 타인의 돈과 성, 그리고 삶을 교묘하게 착취하는 역기능적 행태들을 지속하고 있다.

코로나 팬데믹 속에서도 여전히 정통 교회와 목사의 신분으로 위장하고 비윤리적, 반사회적 범죄를 저지른 대가로 시사고발프로그램에 등장하는 이단·사이비 집단들의 모습이 우리를 분노하게 만든다. 또한 이들의 엽기적 행태에 둔감해지는 교회와 사회의 무관심도 우리를 지치게 한다.

온라인 이단

이단들의 가스라이팅이 시간과 공간, 오프라인과 온라인을 초월해 전방위적으로 진행되고 있다. 전통적인 이단들의 '대면 포교'가 불특정 다수에 대한 온라인 '비대면 미혹'으로 바뀌거나 병행되는 양상이다. 주목할 만한 사실은 이미 코로나 이전부터 이단은 세련된 온라인 포교 환경을 구축해 놓고 활동해오고 있다는 점이다.

신천지는 신도 교육과 통제를 위한 다양한 모바일 프로그램들을 사용해왔다. 그리고 하나님의교회나 전능신교는 유튜브에 수많은 완성도 있는 동영상들을 게시해오고 있다. 또한 박옥수 구원파의 경우에는 최근 온라인 성경 세미나를 진행한 후 줌(Zoom)을 이용한 후속 상담까지 진행하고 있다. 어쩔 수 없이 온라인 세상으로 발을 들여놓은 교회와는 달리, 이단들의 스마트한 온라인 미혹은 이미 광범위하게 진행되고 있다.

각종 SNS 플랫폼은 이단들의 주요 활동 무대가 되었다. 심지어 온라인 이단들의 카드뉴스, 동영상, 팟캐스트 등은 콘텐츠와 디자인 모두 세련되고 완성도가 돋보인다. 이단들의 고퀄리티 영상과 음악에 익숙해진 눈과 귀를 만족시키기란 여간 쉬운 일은 아니다. 온라인 이단들의 활동에 대처할 수 있는 온라인 이단 예방 및 교회교육 콘텐츠의 계발과 실용화가 시급하다.

신천지도 오프라인에서는 눈에 띄지 않지만, 온라인에서는 여전히 활발하게 움직이고 있다. 코로나 사태 악화의 주요 원인 제공자인 신천지는 요즘, 마치 숨 고르기에라도 들어간 듯 그 모습을 잘 드러내지 않고 있다. 하지만 신천지가 활동을 잠정 중단했다고 볼 수는 없다. 오프라인에서는 활동을 자제하고 있는지 모르지만, 적어도 온라인에서는 여전히 광폭 행보를 보이고 있다. 코로나 이전부터 신도들의 교육과 통제를 위한 온라인 환경을 구축한 신천지가 더 깊이 숨어들어간 느낌이다. 표면적으로는 신천지 활동이 위축된 것 같지만, 실제로는 사이버 공간 속에 세운 그들의 왕국에서 교리 교육, 활동 지시, 신도 통제가 치밀하게 이루어지고 있다. 이단들의 활동 무대가 시·공간을 개의치 않는 온라인 세상으로 옮긴 상황이 되었다.

더욱 염려스러운 현상은 신천지나 하나님의교회 같은 대형 이단들뿐만 아니라 온라인 사각지대에서 종말론적 위기감을 조장하는 군소 이단들도 활발하게 움직이고 있다는 사실이다. 최근 정체가 불분명한 온라인 이단들에 관한 문의와 상담이 이어지고 있다. 코로나와 함께 온라인 접속률이 급격히 높아지면서, 이를 포교와 영향력 강화의 호기로 생각하는 온라인 이단들이 경쟁적으로 사이버 공간으로 뛰어들고 있다.

온라인 이단들은 그 성격과 규모와 위치의 불확실성으로 인해 교단들이 기존처럼 이단으로 규정하여 대처하기 어려운 한계가 있다. 몸은 가정과 교회에 그대로 있지만, 눈과 귀는 온라인 이단들을 따라 움직이는 교회 안의 이단 신도들이 양산될 수 있다. 이들은 각자의 관심에 따라 다양한 사이트에서 온라인 이단들과의 만남을 진행하고 있다. N번방 사건처럼 온라인 송금을 통한 금전적 피해 혹은 정신적 피해 발생도 충분히 가능한 조건을 갖추고 있다.

온라인 이단들의 바이러스에 감염되지 않도록 충분한 거리두기가 필요하다. 코로나 감염 예방을 위한 '사회적 거리두기'도 필요하지만, 이제는 온라인 이단 대처를 위한 '영적 거리두기'도 필요한 상황이 되었다.

'대면 미혹'은 시간과 장소의 제한이 있지만, '비대면 미혹'

은 때와 장소를 가리지 않고 진행된다. 해외와 군대도 미혹의 장소가 되었고, 심지어 자녀와 배우자가 바로 내 곁에 있어도 안심할 수 없다. 온라인 이단들의 미혹에 노출되거나, 스스로 온라인 이단에 접속을 시도하고 있을 수 있기 때문이다. 스스로 가스라이팅의 피해자로 전락하는 안타까운 일들이 벌어지고 있다.

스마트한 미혹

군부대 강의하러 갔다가 낯선 풍경을 접했다. 휴일인데도 불구하고 운동하는 장병들을 거의 볼 수 없었다. 부대 관계자에 따르면, 스마트폰 사용이 허락된 이후 바뀐 모습이라고 한다. 평일 일과 후와 휴일은 온종일 스마트폰 사용이 가능하다고 한다. 군 생활 적응, 고립감 해소, 온라인 강의 수강 등에 도움이 된다는 장점도 있지만, 한편으로는 불법 인터넷 도박, 유해 사이트 접속, 군 기밀 유출 등의 부작용도 있다는 우려가 있다.

이러한 변화 가운데 스마트폰을 이용한 이단들의 미혹도 때와 장소를 가리지 않고 진행되고 있다. 인터넷에는 이단들의 세련되고 완성도 높은 카드뉴스와 동영상이 넘쳐나고, 정체 모를 개인과 단체의 비성경적 주장들도 자유롭게 넘쳐 나고 있다. '제공되는 정보'가 아니라 '찾아가는 맞춤형 정 보'를 통해 보고 싶은 것을 보고 믿고 싶은 것을 믿는 환경 이 만들어졌고, 사이버 공간에는 가짜 뉴스뿐만 아니라 가 짜 기독교가 넘쳐나고 있다.

해외 이단들 중에는 중국의 전능신교 동영상의 온라인 점 유율이 최근 급증하고 있다. 합창, 무용, 연주 등을 통한 [왠 지 어색하지만] 완성도 높은 고화질의 포교 동영상이 각국 언어들로 제공되고 있고, 심지어는 기독교 사이트로 철저히 위장된 곳들도 등장하고 있다. 전능신교의 한국 진출 의도 가 처음에는 중국을 대신할 본부거점을 구축하려는 시도로 분석되었지만, 최근 인터넷에 넘쳐나는 한국어 포교 동영상 들에는 한국의 기독교인들을 포교하려는 의도가 노골적으 로 드러나 있다. 서울 구로지역을 비롯해, 강원도 횡성과 충 북 보은에 이어 괴산에도 근거지를 마련한 전능신교의 국내 침투는 점점 더 조직화될 조짐이다.
국내 이단들 중에는 신천지 공식 팟캐스트인 '하늘팟'도 눈 에 띈다. 굳이 대면 접촉을 하지 않더라도 하늘팟을 통한 교리와 포교 교육, 정보 제공과 신도 통제가 때와 장소를 가리지 않고 진행된다. '이게 다 아담 때문이다' 혹은 '느헤미야 마스터하기' 등의 교리교육, '신천지 전도 왕을 소개합니다'와 '일가족 연쇄 전도 사건' 등의 포교 사례 교육, '신천지가 가정파탄의 주범이라구요?'와 '수상한 가족여행' 등의 정보 제공과 신도 통제가 이루어진다. 신천지의 미혹이 점점 더 업그레이드되고 있다.

이제는 오프라인 상의 만남을 통해 이루어지는 거짓말 포교를 넘어, 인터넷을 이용한 시공을 초월한 스마트한 이단들의 포교가 동시에 이루어지고 있다. 예전에는 유학과 군 입대 등을 통해 이단들과의 관계 단절이라는 긍정적인 성과도 있었지만, 이제는 유비쿼터스 환경을 이용한 이단들의 미혹이 모든 시간대와 공간을 통해 진행되고 있다. 심지어는 군부대 안에 있는 다수의 신천지 신도들이 가스라이팅 기법을 사용해 모략 포교를 진행할 수 있는 조건도 만들어졌다.

한편 최근에는 노출된 거점을 가진 대규모 이단들에 대한 상담보다 사각지대에 머물고 있는 소규모 온라인 이단들에 대한 정보 요청 및 상담 문의가 늘어나고 있다. 매 주일 평범하게 교회 출석을 하면서도 시간이 될 때마다 비성경적·

비상식적 주장으로 넘쳐나는 인터넷 사이트를 기웃거리며 독자적인 학습을 진행하는 '교회 안의 비기독교인들'이 양산되고 있다.

민감한 사회적 이슈들에 대해 목회·신학적 대안을 제시하기도 전에 정치·이념적 해법과 편 가르기가 먼저 등장하는 '분열의 시대'에 서 있는 한국 교회는, 이단들의 스마트한 가짜 뉴스와 가짜 교리에 무차별적으로 노출된 '혼란과 혼돈의 시대'를 동시에 경험하고 있다.

눈팅과 채팅에서 미팅으로

코로나로 인해 조성된 디지털 환경을 적극적으로 활용하는 이단들이 많아졌다. 걱정스러운 점은 온라인에서의 이단과의 비대면 접촉은 언제든지 오프라인에서의 대면 만남으로 이어질 수 있다는 사실이다. 적절한 표현인지 모르겠지만, 소위 불안한 온라인 '눈팅'[탐색]을 거쳐, 아슬아슬한 '채팅'[소통]을 즐기다가, 위험천만한 이단과의 '미팅'[접촉]으로 발전하는 일들이 발생하고 있다.

흥미로운 사실은 이러한 포교 방식이 온라인 디지털 환경을 상상조차 못하던 반세기 전인 1970년대부터 주목받아 왔다는 것이다. 미국의 종교사회학자인 로드니 스탁(Rodney Stark)과 윌리엄 베인브릿지(William Bainbridge)는 사이비 종교 혹은 이단을 일컫는 소위 컬트(cult)의 유형을 세 가지로 구분했다. 이러한 유형 분류는 오늘날 코로나와 디지털 환경을 마주하고 있는 한국 교회에 이단 문제를 바라보는 유용한 시각을 제공해 준다.

첫 번째 유형은 오디언스 컬트(Audience Cult)이다.
표현 그대로 청취자 혹은 시청자 모드로 이단을 접하는 단계이다. 오프라인 공간에서 정기적으로 만나는 것은 아니지만 특정 교리적 주장에 대해 책, 라디오, TV 등을 통해 관심을 갖고 공감하는 상태이다. 마치 요즘 온라인을 통해 이단성 있는 개인이나 단체의 동영상과 게시글에 관심을 갖고 자주 들여다보는 것과 유사하다. 즉 참여하지는 않지만 지속적으로 접속 방문하고 흥미를 느끼는 단계이다. 요즘 표현대로 소위 '눈팅'의 단계라고 할 수 있다.

두 번째 유형은 클라이언트 컬트(Client Cult)이다.

이는 오디언스 컬트보다 발전한 형태로 단순한 청취자나 시청자 모드를 넘어 필요할 경우 클라이언트, 즉 고객의 모습으로 직접 소통하는 단계이다. 소위 눈팅을 넘어 '채팅'으로 접어든 상태로 오늘날 온라인 댓글을 달거나 피드백을 주고받고, 때로는 음성으로 소통하는 것과 다르지 않다.

세 번째 유형은 컬트 무브먼트(Cult Movement)이다.

특정 장소에서 정해진 시간에 정기적으로 만나 활동하는 단계이다. 교주와 교리와 조직을 갖춘 집단에서 교육과 통제와 포교 활동이 체계적이고 조직적으로 이루어진다. 즉 비대면 눈팅과 채팅을 지나 대면 '미팅'으로 발전한 단계이다.

눈팅으로 시작해 채팅을 거쳐 미팅으로 이어지는 포교 방식의 진화 과정은 최근 온라인 이단들의 미혹과 유사한 모습을 보여준다. 코로나 팬데믹과 함께 교회는 물론이고, 이단도 선택의 여지없이 비대면 온라인 세상 속으로 들어왔다. 주목할 만한 사실은 이단들의 온라인 활동이 빠르게 업그레이드되고 있다는 점이다. 게다가 이단들의 콘텐츠는 트렌디하고, 음질과 화질은 요즘 표현대로 고퀄인 경우가 많아서

청소년들과 청년들이 이단들의 접근에 쉽고 위험하게 노출이 되는 상황이다.

누군가 지금은 몰래 숨어 눈팅을 하며 이단 콘텐츠를 접하고 있지만, 언젠가는 채팅을 통해 친절한 이단과의 소통을 시도할 수 있다. 그리고 마침내 친밀한 관계가 형성되면 대면 미팅을 통해 치밀한 이단의 미혹에 빠질 수 있는 것이다.

오늘의 코로나 세상은 익명성이 보장되는 최고의 디지털 환경을 제공하고 있다. 시·공간을 가리지 않는 온라인 이단들의 미혹이 넘쳐난다. 심지어 온라인 예배를 마친 후, 확인되지 않은 음모론으로 가득 찬 비성경적인 이단 사이트나 동영상을 스스로 찾아다니는 기독교인들도 적지 않다.

무분별한 눈팅이 위험한 채팅으로 이어지고, 이후 치명적인 미팅으로 발전할 수 있는 디지털 세상 속에 우리는 살고 있다. 혹시라도 사랑하는 가족이 아슬아슬하고 위험천만한 눈팅과 채팅과 미팅의 수렁 속으로 한 걸음씩 발을 내딛고 있는 것은 아닌지 염려스럽다.

디지털 환경은 선물인 동시에 때론 흉물스럽기까지 하다. 빠르지만 얄팍하고, 상세하지만 편향적인 디지털 정보의 늪에서 허우적거리기보다 차라리 느리지만 넉넉하고, 부족한

듯하지만 느긋한 아날로그 숲에서의 여유로운 쉼과 영적 재충전이 필요하다.

수능과 이단 성수기

매년 대학수학능력시험이 치러진다. 그리고 수능과 함께 이단 포교 활동도 성수기로 접어든다. 수능이 끝나는 순간부터, 그리고 수능 성적 발표 시점을 전후로 수험생들의 마음을 파고드는 이단들의 연례행사가 시작된다. 이단 예방과 대처를 위한 절체절명의 시간이다.

이단들은 수능을 마친 수험생들에게 지연·학연·인맥을 총동원해 '친절'하게 다가와 '친밀'한 관계를 만들고 '치밀'한 맞춤형 미혹을 시작한다. 수능을 끝낸 안도감과 후련함, 대입에 대한 불안과 기대를 십분 활용하며 수험생들에게 다가간다.

수험생들에게 다가오는 대표적인 캠퍼스 이단들이 있다. 이들의 주된 특징은 자신들의 정체를 위장하고 접근한다는 점이다. 다종교 한국 사회에서 자신의 소속을 정확하게 밝히지 않고 접근하는 종교단체는 대부분 이단·사이비로 봐도 무방하다.

수시와 정시 면접이나 신입생 오리엔테이션 시기에는 이단들의 위장과 거짓말이 캠퍼스에 난무한다. 신천지는 수험생들에 대한 사전 정보와 거짓말을 동원해 모략 포교를 펼친다. 치밀하게 설계된 '우연한 만남'을 가장해 접근한다. 신천지의 이러한 행위가 '사기 범행의 기만이나 협박 행위와도 유사'하다는 법원 판결이 있어서 그나마 다행이다.

JMS는 최신 문화 유행으로 위장하고 접근한다. 공공행사를 지원하는 모델, 의전, 댄스 자원봉사자를 모집하는 광고를 통해 흥미를 유발하거나 심지어 아이돌그룹을 만들어 공연까지 펼치며 미혹한다. 대학가 주변에서 대학생활 안내, 스피치 특강 등을 홍보하며 주로 여성들에게 접근한다. 거의 모든 대학에서 위장 동아리를 만들어 합법적으로 활동하고 있어 주의가 필요하다.

IYF(국제청소년연합)는 각종 문화행사와 해외 봉사활동, 영어 말하기대회, 그라시아스 합창단 공연이나 영화관람 등을 매개로 접근한다. 행사 후에는 개별 상담을 통해 지속적인 관계 형성을 시도한다. 최근에는 공공기관이나 공교육 현장에서 '마인드교육'이라는 이름으로 활동 영역을 넓히고 있다. 대학 신입생들이 기독 동아리를 만나는 것보다 IYF 포교 전단이나 행사를 접할 확률이 더 높다.

하나님의교회는 캠퍼스 주변에서 온·오프라인을 가리지 않고 접근한다. 코로나 전에는 번화가뿐 아니라 대학가 주변 자취방을 찾아다니며 태블릿PC를 들고 공격적인 방문 포교를 진행했다. 최근 하나님의교회 대학생 봉사조직인 ASEZ(Save the Earth from A to Z)는 막강한 재정과 조직력을 갖추고 국내외 구호 봉사활동을 하며 포교와 홍보에 열을 올리고 있다.

코로나를 전후로 캠퍼스 이단들의 포교 방식도 진일보했다. 고화질과 고음질로 무장하고 유행을 따르는 콘텐츠로 무장한 비대면 포교가 전방위로 이뤄지고 있다. 급격하게 변화하는 사물인터넷 환경을 효과적으로 활용하고 있다. SNS, 유튜브, 브이로그, 카톡 등을 통한 이단들의 포교, 교육, 관리, 통제, 홍보 등의 가스라이팅이 온라인상에서 한꺼번에 이뤄지고 있다.

캠퍼스 이단들의 피해를 막기 위해 교회학교 고등부의 '3+1 시스템'으로의 전환이 필요하다. 3년의 고등부 교육을 마치면 교회교육이 끝나는 것이 아니라 추가로 1년 동안 '영적 애프터서비스(사후관리)'를 제공해야 한다. 고등부 교역자와 교사들이 학부모와 함께 수험생들의 대학 새내기 기간 1년 동안만이라도 학교와 신앙생활을 예의주시하고 따뜻한 관심을 보여준다면 다음세대들을 이단의 미혹으로부터 지켜낼 수 있다. 수능과 대학 입학은 교회교육의 '종착지'가 아니라 평생 신앙교육의 '출발점'이다.

대학가 이단들

대학 캠퍼스는 이단 문제의 사각지대다. 교회의 이단 문제도 심각하지만, 캠퍼스는 첨예한 영적 싸움의 최전선이다. 교회에서는 언제든 '이단 아웃'을 외칠 수 있지만, 캠퍼스에서는 합법적인 이단 단체의 활동을 막을 방법이 없다. 교회엔 이단 예방을 위한 안전장치가 나름 가동되고 있지만, 캠퍼스에서는 이단을 분별하기조차 쉽지 않다. 교회는 이단을 막을 수 있는 교회법이 있지만, 캠퍼스에서는 합법적인 활동이라면 교육법에 따라 보호받는다.

캠퍼스는 이단들의 포교자유구역이다. 신천지는 캠퍼스 곳곳에서 거짓말로 위장한 채 도서관, 식당, 강의실을 가리지 않고 포교 대상자를 찾아다니고 있다. 하나님의교회는 대학생 단체인 아세즈(ASEZ)를 공식 동아리로 등록한 후, 봉사활동을 매개로 한 포교 활동을 진행한다. IYF는 영어 말하기 대회, 그라시아스 합창공연, 해외 봉사활동 등을 통해 캠퍼스에서 가장 적극적인 포교 활동을 펼치고 있다. 최근 교주의 성범죄 혐의로 다시 논란의 중심에 선 JMS도 여전히 캠퍼스별 위장 동아리를 중심으로 문화 및 자기계발 프로그램을 운영하고 있다. 안타깝게도 캠퍼스는 이단 대처에 있어 가장 취약한 환경에 처해 있다.

첫째, 캠퍼스는 이단과의 거리두기가 불가능하다.
대면 수업 실시로 함께 수업하고 식사하며 토론한다. 또한 기숙사에서는 공동생활을 해야 한다. 친절한 선후배의 모습으로 다가오는 이단의 친밀한 접근을 뿌리치기 쉽지 않다.

둘째, 새내기 신입생은 이단 바이러스 감염에 취약한 고위험군이다.
미성년에서 벗어나 자유를 맘껏 누리게 됐지만, 여전히 새내기들에게 캠퍼스는 외롭고 낯선 공간이다. 호기심 어린

눈동자로 혼자 밥 먹고 공부하는 흔한 신입생의 모습은 이단들에게 최적의 먹잇감이다.

셋째, 강의실뿐만 아니라 동아리 활동에서 친근하게 다가와 호의를 베푸는 동료 선후배를 무작정 밀어낼 수도 없다.
성적과 스펙을 향상해 줄 보암직하고 먹음직스러운 정보를 가지고 다가온다면 더욱 뿌리치기 어렵다.

넷째, 휴학하거나 입대하더라도 미혹은 멈추지 않는다.
시간과 공간의 제약을 받지 않는 이단의 온라인 포교, 교육, 통제가 진행된다. 휴학과 군 생활의 고립감과 불안감은 오히려 이단의 미혹마저 자발적으로 받아들이는 조건이 된다.

다섯째, 이단에서 탈퇴한 후에도 언제든 재감염 위험이 있다.
캠퍼스라는 제한된 공간에서 안면 있는 이단 학생들과 반복적으로 마주해야 한다. 그들과 인간관계마저 끊을 수 없기에 위험한 만남을 아슬아슬하게 이어가기도 한다.

캠퍼스 선교가 위기에 처해 있다. 가시적 성과가 당장은 보이지 않아도 캠퍼스 선교에 관심이 필요하다. 캠퍼스 이단 대처는 한국 교회를 지키는 일이기 때문이다. 다음세대를 탐하는 이단에 대처하기 위한 실효성 있는 방안 모색이 필요하다. 나아가 대학 교목실과 대학 선교단체, 그리고 기독 동아리에 대한 지속적인 지원도 요구된다.

가정과 교회를 떠나 낯선 캠퍼스에 던져지는 순간 이단 예방 백신의 효능은 약화되고, 전염성 강한 이단 바이러스에 대책 없이 노출된다. 영적 싸움터로 변해버린 캠퍼스에서 새벽이슬 같은 주의 청년들이 하루하루를 힘겹게 버텨내고 있다.

자연재해와 역병으로 인한 두려움과

새로운 세상을 향한 희망이 공존하는 오늘,

이단 신천지 없는 신천지

"새 하늘과 새 땅"(요한계시록 21:1)을 꿈꾼다!

3

신천지 없는
신천지를 꿈꾸며

자연재해와 역병으로 인한 두려움과 새로운 세상을 향한 희망이 공존하는 오늘, 이단 신천지 없는 신천지 "새 하늘과 새 땅"(요한계시록 21:1)을 꿈꾼다!

2020년 초 코로나의 대구지역 감염 확산 초기, 처음에는 화가 났고 그 후로는 점점 지쳐갔다. 거짓말이 신천지의 특징인 것은 알고 있지만, 국민의 생명까지 위협하는 신천지의 계속되는 거짓말을 참기 어려웠다. 자신이 신천지 신도라는 사실을 드러내는 것이 창피하고 괴로울 수 있다. 하지만 그렇다고 신분이 탄로 나는 순간까지 정체를 감추며, 다른 사람의 생명을 코로나 감염의 위험에 빠뜨리는 것은 안 된다. 교리적으로 합리화된 이기적인 선택일 뿐이다.

거짓말 하나.

신천지는 중국 우한에 교회와 신도들이 있었다.

중국 우한에 있는 교회는 부산야고보지파가 직접 통제했다. 신천지는 2년 전 우한 교회가 폐쇄됐다고 주장했다. 하지만 부산야고보지파가 제작한 집회 동영상을 보면 우한에 신도들이 있다는 배너가 걸려있고, 지파장은 설교에서 우한에서 700명이 사망했지만 우한 신천지 신도들은 한 사람도 감염되지 않았다고 언급한다. 우리 정부는 2020년 1월 신천지 신도 일부가 우한을 방문했다고 발표했고, 중국 정부도 현재 신천지가 중국에서 활동 중이라고 확인했다.

거짓말 둘.
신천지 거점은 1100개가 아니라 1500개 이상이다.
2020년 신천지 총회의 현황 보고 자료에는 모임 장소가 총 1529개로 나온다. 무엇보다 염려스러운 사실은 공개하지 않은 400여 개 이상의 소규모 거점들이 지역 감염을 일으킬 수도 있는 사각지대였다는 점이다. 지금도 매일매일 알려지지 않은 신천지 위장 거점들이 드러나고 있다.

거짓말 셋.
신천지는 연락이 닿지 않는 신도들의 소재를 파악할 수 없다고 했다.
하지만 신천지가 신도들을 통제하고 이탈을 방지하기 위해 만든 동향 파악 시스템의 우수성은 자타가 공인한다. '피드백'이라 불리는 교신을 주고받으며, 위치추적기까지 동원해 일거수일투족을 감시한다. 신도들의 소재를 알 수 없다는 신천지의 해명을 쉽게 받아들이기 어려웠다.

거짓말 넷.

모임 장소와 숫자가 불일치한 것에 대한 당국과 언론의 질 타가 계속되자, 신천지는 신도들의 개인적인 모임 장소의 파악은 어렵다고 설명했다.

하지만 신천지 지도부는 포교가 이루어지는 크고 작은 장소에 대해 샅샅이 파악하고 있다. 육하원칙에 따른 상세한 포교 보고서를 정기적으로 제출받고, 지도부는 이를 기초로 후속 활동을 지시한다. 이를 통해 등록 신도와 교육생들의 정확한 통계도 갖고 있다. 신도들의 모임 장소와 숫자 파악이 어렵다는 신천지 설명은 납득할 수 없었다.

거짓말 다섯.

신천지 이만희는 자신이 불로불사하고 영생불사하는 보혜사로 신격화한다. 그리고 신천지 신도 수가 14만 4000명이 되면, 신도들도 불로불사하며 세상을 다스리는 왕 같은 제사장들이 된다고 가르친다.

하지만 2015년 신도 수가 14만 4000을 넘겼지만 아무 일도 일어나지 않고 있다. 수많은 신천지 신도들은 코로나 감염의 두려움 속에 하루하루를 보냈다. 이만희 교주를 비롯해 '모든 인간은 죽는다'는 것이 팩트다.

신천지는 '거짓 천지'다. 매일매일 업그레이드되는 신천지의 거짓말은 이제 분노를 넘어 한숨과 한탄을 자아낸다. 신천지 거짓말의 끝은 어디일까. 우리나라의 종교 자유를 존중하면서도 신천지에 대한 정부의 관리와 감독이 강화되기를 바라는 마음을 숨길 수 없다. 신천지 혐오가 아니라 신천지의 대응 방식을 우리는 불신한다. 우리는 이단 신천지가 없는 진정한 '새 하늘과 새 땅' 신천지를 꿈꾼다!

신천지도 국민이라면

코로나 기간 각자의 처소에서 비대면으로 예배드리며 온라인으로 성도의 교제를 나누었다. 교회마저 갈 수 없는 낯선 상황이 수천만 명의 목숨을 앗아간 14세기 중세 흑사병의 공포를 떠올리기도 했지만, 다른 한편으로는 회복의 소망을 마음속에 새기는 은혜의 시간이었다.

당황스러운 사실은 정체를 감추고 가만히 숨어들어와 교회를 무너뜨리려던 신천지가 코로나 전염병 확산 초기에 감염의 근원지로 사회 전면에 등장한 것이다.

물론 신천지 신도들도 국민이라는 사실을 잊어서는 안 된다. 단지 감염이 일어난 곳이 신천지 거점이라는 이유만으로 부정적 선입견과 부정확한 정보에 기초한 무분별한 비난과 혐오는 역효과로 나타날 수 있다. 문제의 본질은 '어디서 일어났느냐'보다는 신천지가 '어떻게 접근하고 있느냐'가 문제다. 대구/경북을 관할하는 신천지 다대오지파의 중심인 대구 교회와 신천지의 성지인 청도에서 대규모 감염과 확산이 일어난 상황에서, 과연 신천지 지도부는 얼마나 정직하게 협조했느냐가 핵심이다.

무엇보다도 신천지 신도 자신들도 대한민국 국민이라는 사실을 결코 망각해서는 안 된다. 사랑하는 가족들의 생명보다 이만희 교주와 신천지 교리가 중요할 수는 없다. 자신의 정체가 드러나지 않는 것이 이웃의 안전보다 중요할 수는 없다. 아직도 지역 감염 확산에 대한 신천지의 해명은 논란에 휩싸여있다. 특히 코로나 사태를 '마귀의 짓'으로 바라보는 이만희 교주의 '특별 편지'는 신천지의 왜곡된 세계관과 반사회성을 여과 없이 보여주었다.

코로나를 계기로 교회와 사회에 지울 수 없는 부정적 이미지로 각인된 신천지의 몰락과 소멸을 앞당길 수 있도록 힘과

가스라이팅 이단

지혜를 모아야 한다. 하지만 신천지의 고립을 지켜보면서도 떠오르는 불안감을 감출 수 없는 이유가 있다.

우리는 2014년 '세월호와 구원파', 그리고 2016년 '최순실 과 최태민'을 경험했다. 그리고 그 당시 오늘날의 '코로나와 신천지' 사태처럼 똑같이 좌절하고 분노했다. 하지만 구원 파는 정부를 상대로 한 소송에서 거의 패소한 적 없이 여전 히 건재하고, 국론분열의 원인 제공자인 최순실의 국정농단 사건의 끝은 보이지 않은 채 오히려 피해자인 국민만 양분 되었다. '코로나와 신천지' 문제에도 불구하고 서서히 용두 사미로 끝나는 것 같아 안타깝기만 하다.

사회는 책임을 전가할 희생양을 찾고, 언론은 손익계산을 하며 시청률에 집중하고, 선거철이면 득표수에 목말라하는 정치권은 신천지에 대해 약삭빠른 손익계산을 하고 있는 것 은 아닐까? 그렇다. 신천지는 '세월호와 구원파'처럼 다시 재기를 모색하고 있다. 신천지자원봉사단(scjvolunteers.com) 을 통해 사회 봉사활동에 집중하며 홍보에도 열을 올리고 있다. 역사는 기억할 때 비로소 의미가 있다. 코로나를 계기 로 신천지에 대한 실효성 있는 대책을 마련해야 한다.

역설적으로 불확실한 세상이기에 하나님께 감사하다. 왜냐하면 우리나라의 복음은 불확실한 구한말 전래되고, 압제의 일제강점기에 뿌리내리고, 고난의 6·25전쟁을 통해 확산되었기 때문이다. 세상은 우리를 요동치게 하나, 우리에게는 최후 승리에 대한 변함없는 믿음이 있다. 그렇기에 "너 어려울 때 힘주시고 언제나 지켜주시리"라는 찬송이 깊은 울림으로 다가온다.

이만희 사후 신천지

만약 이만희가 사망한다면, 신천지는 어떻게 될까? 1984년 설립된 신천지는 2000년 이후 모략(거짓말) 포교로 급성장했지만, 최근 발생한 코로나의 감염 확산과 방역 혼란의 원인 제공자로 국내외에 노출되면서 절체절명의 위기를 맞았다. 과연 이만희 사후 신천지의 앞날은 어떻게 될까?

한국기독교이단운동은 일제강점기 후반에 서북지역을 중심으로 발생하기 시작해, 6·25전쟁과 함께 전국적으로 확산되었다. 그리고 군사정권 하에서 반공운동으로 성장한 후, 오늘날 다문화사회에서 친사회적 활동을 매개로 정착한 양상을 보여준다.

교주에 대한 신격화와 비성경적인 교리를 특징으로 하는 이
단들은 교주가 사망한 후 다양한 진로를 보여준다. 돈과 충
성도 높은 신도들이 많으면 많을수록, 설령 교주가 사망하
더라도 쉽게 몰락하지는 않는다. 그리고 교리와 조직이 안
정적인 이단일수록, 설령 교주가 사망하더라도 쉽게 와해되
지는 않는다.

신천지는 돈도 많고, 나름 체계적인 교리와 조직도 있다. 특
히 충성도 높은 신도들도 있어 급격하기보다 점진적인 몰락
이 진행될 것으로 예상된다. 과연 이만희 사후 신천지는 어
떻게 될까? 역사적 사례들을 보면, 이단들은 교주가 사망한
후 다음과 같은 경우의 수들이 존재했던 것을 볼 수 있다.

첫째, 조직이 급격히 '와해'되는 경우이다.
박태선의 전도관이 대표적이다.

하나님으로 따르던 교주 박태선(1917~1990)이 사망하고 난
후, 신도들이 다수 떠나면서 세력이 급격히 약화되어 몰락
의 길을 걸었다. 소사, 덕소, 기장 등지에 신앙촌을 세우고
사업적으로도 성공했던 전도관은 박태선 사후 서서히 와해
의 길을 걸었다.

이후 조희성(1931~2004)의 영생교 등 아류 분파들이 등장했

고, 최근에는 천부교를 통한 조직 재건 시도가 나타나고 있다. 하지만 과거의 영광을 회복하기보다는 서서히 몰락의 길을 걷고 있다.

둘째, 조직 내부에서 '분란'이 발생하는 경우이다.
통일교의 사례이다.

재림주로 신격화되던 문선명(1920~2012)이 사망한 후 부인 한학자와 친아들들인 문현진, 문국진, 문형진의 모자(母子)간, 형제(兄弟)간 싸움이 본격화되었다. 이들의 싸움은 겉으로는 문선명의 정통성을 이어받기 위한 교리적 논쟁으로 보인다. 하지만 문선명의 후계자가 돈도 다 차지하는 기업형 이단 종교의 특징을 고려하면, 소위 '참 가정' 안에서 양보 없는 돈의 전쟁이 벌어진 것이다.

분란의 끝은 보이지 않고, 장기적으로는 초종교운동을 지향하는 큰아들 문현진과 통일교의 재건을 꿈꾸는 막내아들 문형진, 그리고 본부 조직을 장악하고 있는 한학자 계열로의 분파 형성과 독자적인 세력 확장으로 나타날 조짐이다.

셋째, 교주 사후 조직이 안정적으로 '성장'하는 경우이다.
흔하지 않은 사례가 하나님의교회에서 나타났다.

교주 안상홍(1918~1985)이 사망한 후 분란과 분파도 있었지만, 후계자로 등장한 장길자와 김주철을 중심으로 급격한 세력 확장이 이루어졌다. 현재 규모로는 국내 최대 이단으로 분류될 정도다. 이는 국내외에서도 흔하지 않은 경우로, 안정적인 후계 구도가 정착했다는 측면에서는 종교사회학적으로는 안정기로 들어간 것이 아닌가 하는 분석도 있다.

하나님의 이름을 가장 망령되이 일컫는 이단인 하나님의교회에 대한 한국 교회의 전략적인 대처가 필요한 이유다. 물론 교회 역사는 아무리 규모가 큰 이단이라 하더라도 순식간에 몰락한다는 사실을 보여주고 있다. 하지만 우리 다음 세대들에게 신천지와 같은 이단 문제의 아픔을 넘겨주지 않기 위해서라도 하나님의교회 대처를 위한 한국 교회의 조직적이고 선제적인 대처가 필요하다.

넷째, 가장 일반적인 현상으로 '분파'로 나타나는 경우이다. 대부분의 한국 이단들이 이 길을 걸었다. 하지만 대다수는 급격히 혹은 점진적으로 소멸해갔다.

분파한 단체들 중 몇몇은 선임 교주를 성공적으로 벤치마킹해 스스로 독자적인 조직을 만들고 새로운 신격화에 성공했다. 문선명을 '실패한 세례 요한'으로 폄하하면서 등장한 정명석의 JMS, 그리고 유재열을 '배도한 세례 요한'으로 격하시키면서 등장한 이만희의 신천지 등이 그 사례다. 즉 한때는 열렬한 '이단 신도'였던 누군가가 그 숭배의 대상을 폄하하고 배신한 후 스스로가 '이단 교주'로 등장하는 패턴을 한국이단운동사는 반복적으로 보여준다.

특히 '분파'는 교주의 권위에 균열이 가는 순간에 시작된다. 기자회견을 통해 노출된 이만희의 어눌한 모습과 불안정한 위기관리 능력은 신천지 신도들이 '교주'로부터 '교리'로 믿음의 중심을 이동하는 계기가 되었을 수 있다. 즉 기존의 교주에 대한 '복종과 숭배'가 교리에 대한 '신념과 확신'으로 변할 수 있다. 이럴 경우 심지어 이만희와 신천지 조직의 통제로부터도 자유로워질 수 있다. 다소 부적절한 비교인지는 모르지만, 마치 IS 조직의 통제 하에 있지 않고 자신의 신념에 따라 움직이는 '외로운 늑대'가 될 수도 있는 것이다. 그리고 이들이 다시 신천지 유사 교리를 내세운 카리스마적인 지도자에 의해 조직화될 때, 이만희의 뒤를 잇는 하나의 분파로 자리 잡게 되는 것이다.

과연 이만희 사후 신천지는 어떤 길을 걷게 될까? 만약 코로나로 인한 위기를 성공적으로 넘게 된다면, 포스트 이만희를 노리는 넘버2들의 경쟁을 통해 제2의 이만희가 등장해 조직을 통제할 것이다. 하지만 코로나로 인한 위기 대응에 실패할 경우에는 신도들의 이탈, 조직의 분란과 분파를 통한 몰락의 길을 걸을 수밖에 없을 것이다. 안타깝게도 우리의 기대와는 달리, 신천지의 돈은 이들의 몰락을 다소 더디게 만들 것이다. 나아가 돈과 조직과 신도들을 차지하기 위한 넘버2들의 피할 수 없는 다툼으로 이어질 것이다.

교주가 사망해도 이단은 지속된다. 이제는 신천지를 비롯한 이단들에 대한 비판에만 화력을 집중하기보다는 교회 스스로의 면역 기능을 강화하고, 교회 안팎의 바이러스 공격에 대비한 능동적인 방어체계의 구축이 필요하다.

불로불사 신천지

"늙지도 않고 죽지도 않는 영원한 청춘(不老不死 人永春)", "죽음이 끝나고 영생이 시작되는 신천지(死末生初 新天地)", "서양의 기운이 동방으로 오는 구세주(西氣東來 救世眞人)". 조선 중기 학자인 남사고(南師古, 1509~71)가 남겼다고 전해지는 『격암유록(格菴遺錄)』 내용 중 일부이다.

이 내용은 신천지의 교리서인 『계시록의 진상』(이만희 저, 1988) 마지막 부분에 인용되어 있다(1998년과 2005년 版에는 삭제됨). 이만희는 "이 예언이 응한 것을 신천지 증거장막성전에서 증거하고 있다"고 하며, 마치 자신과 신천지에 대한 예언이 오래전부터 있었던 것처럼 주장하고 있다.

『격암유록』은 신천지뿐만 아니라 박태선의 전도관, 조희성의 영생교, 문선명의 통일교 등 다수 기독교계 이단 단체들에 의해서 널리 애용되었다. 즉 한국이 동방이며, 이곳에 재림주가 나타나고 환란을 피할 수 있는 천년왕국이 세워진다는 한국 이단들의 뻔한 레퍼토리의 원조가 되었다. 이러한 기본 틀에 교주 각자의 주장을 추가하고, 성경의 필요한 내용들을 가져다가 끼워 맞춘 후 그들만의 '창의적인' 교리를 만들어냈다. 특히 한자를 분해하여 설명하는 파자(破字) 풀이를 이용해 성경을 비유적으로 해석한다.

예를 들면, 통일교는 『격암유록』에 나오는 '팔금산(八金山)'이 6·25전쟁의 피난처인 부산(釜山)이며, '전전(田田)'은 큰 밭이 아니라 십자가(十)로부터의 말씀(口), 그리고 밭 전(田) 자가 두 개니 초림주가 아닌 재림주의 말씀이라고 풀이하여 재림주인 문선명이 6·25전쟁의 피난지인 부산에 온 것이라

가스라이팅 이단

고 해석한다. 전도관은『격암유록』의 내용을 인용하여 성경에 나오는 동방을 비유적으로 설명하면서, 섬들은 잠잠하라고 했으니(이사야 41:1) 일본은 동방이 아니고, 땅끝에서 부른다고 했으니(이사야 41:9) 중국이 아니라 한국이 동방이라고 해석한다.

과연『격암유록』은 조선 중기에 기록된 예언서일까? 현재 국립중앙도서관에 소장되어 있는『격암유록』은 필사본으로 알려져 있다. 원래는 전도관에서 만들어졌으나 사라졌고, 필사본이 남아 국립중앙도서관에 기증되었다고 알려져 있다. 최근에는『격암유록』이 위서(僞書)라는 주장이 설득력 있게 받아들여지고 있다.

허호익 교수는 다음의 이유들을 들어 이 책이 거짓이라고 판단한다. 이 책에 나오는 국한문 혼용체는 조선 중기의 한글 고어가 아니고, 현대식 한자 표현이 다수 포함되어 있으며, 심지어 성경에서 가져온 것으로 추정되는 내용들이 있다는 것이다. 이를 근거로『격암유록』은 위작(僞作)이며, 현대사의 많은 사건들을 미리 예언한 것처럼 보이지만 실상은 사건이 일어난 후에 기록된 거짓 예언서라고 결론짓는다.

『격암유록』의 내용을 거리낌 없이 취사선택하여 아전인수식으로 해석했던 신천지를 비롯한 수많은 이단들이 존재해 왔다. 이들의 공통점은 '한국 중심적' 주장이 두드러진다는 것이다.

첫째, 이 시대에 등장한 구원자는 '한국인'이며 그가 바로 자신이라고 주장한다. 둘째, 성경의 부족함을 충족해 줄 새로운 계시의 말씀이 '한국어'로 기록되어 있다고 주장한다. 셋째, 이단 교주들이 제시한 로드맵에 따르면 구원받을 14만 4000명 대부분은 '한국인들'이라고 주장한다. 넷째, 우리 안에 잠재된 샤머니즘, 유·불교, 동학 등의 '한국종교사상'을 절묘하게 혼합해서 해석한다. 다섯째, 환란을 피할 수 있는 천년왕국이 '한국 땅'에 건설된다고 주장한다.

아이러니하게도 한국 중심적인 이단들이 한류를 타고 성공적으로 세계화하는 기현상이 일어나고 있다.

한국의 이단들은 기본적으로 혼합주의적 성격을 지니고 있다. 이들의 역사와 교리는 거짓 위에 세워졌으며, 저작권 위반은 기본이다. 『격암유록』과 같은 비성경적 위서들은 물론이고, 심지어 다른 교주들의 그럴듯한 주장도 가로채 출처를 밝히지 않고 무차별적으로 벤치마킹하고 업그레이드한다. 이렇듯 허망한 내용에 기초한 이단들의 가스라이팅이 효과적으로 작동되는 현실이 항상 낯설다. 정말 미스터리다.

안심, 결심, 고심, 관심, 그리고 조심

교주의 사망이나 구속은 이단 문제의 끝이 아니라 '새로운 시작'이다. 역사적으로 이단·사이비 종교 지도자의 구속이나 사망 후에도 대부분의 조직은 상당 기간 지속됐다. 문선명과 유병언이 사망했지만 통일교와 구원파는 여전하고, JMS 정명석과 만민중앙교회 이재록이 구속됐지만 활동은 오늘도 멈추지 않고 있다.

신천지 신도들의 경우, 이만희의 사과 기자회견이나 유죄판결을 있는 그대로 받아들이기 어렵다. 현실을 인정하는 순간, 이는 곧 자신들의 선택이 실패했음을 의미하기 때문이다. 이만희의 횡령과 코로나 방역 방해 혐의를 부끄러워하고 실망하기보다는, 오히려 가족들과 주변 지인들에게 자신의 선택이 틀리지 않았음을 보여주기 위해 이만희의 구속을 교리적으로 합리화하거나 미화하려고 애쓰고 있다. 코로나와 함께 신천지 안팎에서 다양한 변화들이 감지된다.

첫째, 신천지를 탈퇴한 이들과 가족들은 '안심(安心)'하는 분위기다.

신천지를 떠났지만, 그래도 혹시나 하는 불안감을 이따금씩 느끼곤 했다. 하지만 코로나로 인한 신천지의 사회적 고립과 이만희에 대한 사회적 비난을 지켜보면서 안도감을 느낀다. 신천지를 떠나길 잘했다고 생각하며 안심하고 있다.

둘째, 아직 신천지 안에 남아있지만, 일련의 상황들을 지켜보면서 신천지를 떠날지를 고민하는 이들에게는 '결심(決心)'의 계기가 되었다.

코로나 이후 탈퇴한 신천지 신도들이 6천여 명을 넘었다고 한다. 물론 신천지 내부의 친밀한 인간관계의 단절과 신천지 탈퇴 이후의 특별한 대안이 없다는 점이 여전히 고민이긴 하다. 하지만 그럼에도 불구하고 신천지의 가스라이팅으로부터 벗어나 탈퇴할 수 있는 계기가 만들어졌다는 사실에는 의미가 크다.

셋째, 충성도 높은 신천지 핵심 간부들에게는 '고심(苦心)'의 순간이다.

박태선과 유재열을 배신하고 신천지를 세운 이만희를 지켜

봐 온 이들은 이만희의 사회적 노출과 신천지에 대한 부정
적 이미지의 확산을 통해, 서서히 자신의 때가 왔음을 느끼
며 조직 장악에 나서거나 반란을 도모할 수도 있다. 하지만
지금 당장 실행에 옮기거나 이탈해서 분파를 형성할 경우,
돈과 조직을 모두 잃어버릴 수 있는 위험 부담이 있기에 내
부에서 영향력과 지분을 확장하면서 때를 기다리고 있다.
포스트 이만희를 노리는 과천 본부와 지역 12지파 신천지
넘버2들의 고심하는 모습들이 꾸준히 감지되고 있다.

넷째, 교회와 사회의 각별한 '관심(關心)'이 필요하다.

신천지의 긴박한 변화를 지켜보는 우리에게는 여전히 풀어
야 할 중요한 과제가 남아있다. 즉 신천지에 남아있는 이들
에게 주홍글씨를 새기는 것보다는 이들의 이탈과 회복을 어
떻게 지원해야 할지를 고민해야 한다. 죄인 아닌 죄인처럼
살아가는 신천지 이탈자들과 가족들의 아픔을 치유하고, 다
시 평범한 일상으로 돌아올 수 있도록 배려해야 한다.

다섯째, 여전히 '조심(操心)'해야 한다.

이단·사이비 집단들의 발흥은 성경적·역사적으로 필연적인
사건이다. 신천지가 몰락해도 제2, 제3의 신천지가 등장할

것은 자명하다. 이단·사이비들은 한국근현대사 속에서는 끊임없이 문제들을 야기해오고 있다. 그리고 코로나를 계기로 이단·사이비 문제가 교회의 교리적 문제를 넘어 심각한 사회적 문제를 야기할 수 있다는 교훈을 얻었다. 주님의 재림까지 멈추지 않을 이단 문제에 대한 경계와 예방이 필요하다.

코로나 발생과 확산 초기, 수단과 방법을 가리지 않는 포교 활동과 거짓말로 가정과 교회에 심각한 아픔을 가져다준 신천지의 정체가 만천하에 드러났다. 하지만 교회가 쟁취한 것이라기보다는 코로나가 가져다준 예상치 못한 결과라는 점을 기억해야 한다.

코로나 블루, 신천지 블루

신천지 이만희 교주의 재판을 방청하려는 신도들이 길거리에서 밤을 새우는 모습을 봤다. 지난 2020년 9월 17일과 28일에 진행된 이만희의 감염병예방법 및 관리에 관한 법률 위반과 관련된 공판준비기일 방청권을 얻기 위해 신천지 신도들이 자정부터 줄을 섰다고 한다. 왜곡된 충성심일까, 비상식적인 집착일까, 아니면 절박한 마지막 승부수일까?

첫째, 가스라이팅의 수렁에 빠져있는 신천지 신도들에게 이만희는 아무 죄가 없다는 것이 상황 인식의 출발점이다.

이만희를 불로불사 영생불사하는 보혜사로 믿어온 신천지 신도들에게 이만희의 구속은 범법 행위의 대가가 아니라 억울한 무고의 결과로 받아들여진다. 이만희는 범죄자가 아니라 마녀재판의 희생자라는 피해의식을 가지고 있다. 이만희의 구속은 사탄의 세상과 거짓 교권으로부터 박해받고 있다는 증거라는 자의적인 교리 해석을 시도한다. 결국 노숙도 불사하는 신천지 신도들의 모습은 이만희가 부당하게 정죄받고 고난 당하고 있다는 왜곡된 충성심의 표출이다.

둘째, 신천지 신도들은 이만희의 범죄 혐의와 구속 집행 사유를 액면 그대로 받아들일 수 없다. 이는 곧 신천지와 이만희를 선택한 자신을 결정이 실패라는 것을 시인하는 것과 다름없기 때문이다.

물론 반드시 다가올 이만희의 죽음도 받아들일 수 없을 것이다. 영생불사한다는 이만희의 죽음을 받아들인다는 것은 자신의 가족과 삶을 포기하면서까지 붙들었던 신천지 교리를 전면적으로 부인하는 이율배반적인 행위이기 때문이다. 하지만 이만희의 구속은 실재 상황이고 인간 이만희의 죽음도 정해진 순리이기에, 신천지 신도들의 자기합리화도 그 한계가 점점 다가오고 있다. 지금은 비상식적인 집착 이외에 딱히 선택할 수 있는 별다른 경우의 수가 없는 상황이다.

셋째, 신천지 숫자가 14만 4000에 이르게 되면 자신도 이만희처럼 영생불사하고 세상의 왕과 같은 제사장이 될 수 있다고 신도들은 믿었다.

하지만 2015년에 이미 14만 4000은 넘었지만, 아무 일도 일어나지 않았다. 또한 주변 신천지 신도들도 죽음을 맞이하고 있다. 왕과 제사장이 되기는커녕 코로나 초기 확산의 원인을 제공했고, 이로 인해 우리 사회를 위기에 몰아넣었다는 부정적인 이미지가 국내외에 각인되어 버렸다. '신천지'라는 단어는 부정적인 가치판단이 깊이 내재된 최악의 단어가 되어버렸다. 결국 불가능한 '영생불사'를 위해, 그리고 기약 없는 '왕 같은 제사장이 되는 날'을 위해 마지막 승부수를 던지는 심정으로 거리로 나서는 신천지 신도들의 노숙이 안타깝기만 하다.

과연 이만희의 재판 방청을 위해 거리에서 쪽잠을 청하는 신도들이 비정상인가, 아니면 이들을 거리로 내몬 신천지가 문제일까? 모략이라는 이름의 거짓말로 접근해 세뇌한 후, 사랑하는 가족들을 빼앗아 간 신천지가 사태의 원인 제공자이다. 피해자 가족들의 회복을 위한 반증 교육과 노력을 신천지는 '강제 개종'이라고 비난하며 선전한다. 하지만 사랑하는 이들에게 먼저 거짓말로 다가와 강제로 빼앗아 간 이들은 신천지다. 피해자 가족들의 노력은 강제 개종이 아니라 신천지가 훔쳐 간 가족들을 다시 찾아오기 위한 '애타는 몸부림'이다.

출구 없는 방에 갇혀버린 신천지 신도들을 빼내올 방법은 없을까? 나올 수 있다. 나올 수 있도록 교회와 사회가 도와야 한다. 출구가 없다면 방을 에워싼 벽을 허물고서라도 '신천지에서 나오려는 사람들'을 구해야 한다. 지금은 코로나와 이만희 구속 등으로 잔뜩 움츠러들고 민감하게 자기방어에 집착할 수밖에 없는 상황이지만, 조만간 회의와 후회의 순간이 다가올 것이다. 더 이상 수수방관할 수 없다.

'코로나 블루'로 인한 우울감과 무기력증이 우리 모두에게 심각하게 나타났다. 코로나 와중에도 한 치의 양보도 없는 정치적 분열과 다툼은 소중한 하루하루를 더욱 숨 막히게 만들고 있다. 분파적이고 이기적인 이권과 패권 다툼이 벌어지는 동안, 이단 신천지에 빠져서 나오고 싶어도 나오지 못하는 피해자들은 사회적 안전망을 벗어난 '신천지 블루'의 사각지대에서 스스로를 희망 고문하며 노숙까지 불사하고 있다.

흉물에서 명물로

프랑스 파리의 명물인 에펠탑이 처음 세워졌을 때만 해도 도시와 어울리지 않는 흉물로 받아들여졌다. 소설가 모파상은 에펠탑에서 자주 식사하곤 했는데, 그 장소가 에펠탑이 안 보이는 최적의 장소였기 때문이라는 일화가 있을 정도였다. 하지만 오늘날 에펠탑은 지속적 노출로 파리의 명물이 되었다. 이러한 현상을 '에펠탑 효과(Eiffel Tower Effect)'라고 부른다.

경제 활동에서도 에펠탑 효과가 광범위하게 사용된다. 요즘 드라마나 영화에서 PPL이라는 제품 홍보 장면을 자주 접하게 된다. 사람들 눈에 많이 노출되도록 만들어 인지도를 높이고, 이를 판매 수익 상승으로 이어가려는 판매 전략이다.

온·오프라인을 가리지 않고 기업 이미지와 상품을 긍정적이든 부정적이든 간에 적극적으로 노출하려는 홍보 전략도 에펠탑 효과와 무관하지 않다.

이단들의 포교와 홍보 전략도 예외가 아니다. 코로나 발생 초기만 해도 신천지의 이미지는 회복될 수 없을 만큼 추락한 것으로 보였다. 조직의 주요 거점들이 노출됐을 뿐 아니라 심지어 폐쇄되기에 이르렀고, 신도들의 이름과 소속이 주변에 알려져 사회활동이 위축되는 악조건에 처하게 됐다. 이로 인해 정체를 감추고 접근하는 거짓말 모략 포교를 진행하기 어려운 상태에 이르렀다.

결국 신천지 포교 전략이 변화할 수밖에 없는 상황이 되었다. 최근에는 모략 포교와 공개 포교가 병행되고 있다. 당근마켓 등 지역 기반 중고거래 사이트나 동호회 카페 등을 통해 접근하기도 하고, 일상을 영상으로 기록하는 브이로그 등을 통해 불특정 다수에게 호감을 얻는 방식을 사용하기도 한다.

신천지자원봉사단을 통한 사회활동도 주목할 만하다. 이 단체의 최근 활동은 대부분 코로나 방역과 지역 봉사활동에 맞춰져 있다. 이들은 신천지 신도들이 지역 방역 활동에 참여하고, 외국인 근로자와 소외계층을 위한 무료 의료봉사를 진행한다고 홍보한다. 적극적 노출을 통해 흉물에서 명물로 거듭나려는 신천지의 계획이 가시화하는 모양새다.

대통령 선거도 이단에 유리한 조건을 제공했다. 온 나라의 관심이 선거에 맞춰져 있는 상황에서 사이비 종교에 관한 관심과 경계 분위기는 약해졌다. 위법하고 부적절한 정치 개입이 예전처럼 쉽지 않은 상황에서 이단들은 합법적이고 적절한 사회적 순기능과 홍보 활동을 통해 에펠탑 효과의 극대화를 노렸다.

사이비·이단 문제는 교리적 문제를 넘어 사회적 문제가 됐다. 거의 격년으로 관련 사건들이 발생한다. 2014년 세월호 참사가 발생했을 때 유병언 구원파가 언론의 헤드라인을 뒤덮었고, 2016년에는 '최순실 게이트'로 최태민의 사이비 종교 행각에 세간의 이목이 쏠렸다. 2018년에는 은혜로교회, 만민중앙교회, 성락교회 사건이 터져 경종을 울렸으며, 2020년에는 코로나의 지역 감염 확산으로 신천지가 심각한 사회 쟁점이 됐다. 혹시라도 가까운 미래에 또 다른 사이비 종교 관련 사건이 발생하는 것은 아닌지 염려된다.

참된 교회는 에펠탑 효과가 아니라 성경에서 말하는 '예수 효과'에 집중해야 한다. 신실한 교회는 역사적으로 에펠탑 효과를 노렸던 적이 없다. 봉사활동을 할 때도 오른손이 하는 것을 왼손조차 모르게 하라고 했으며(마태복음 6:3) 남을 의식하고 잘난 척하며 공공장소에서 큰 소리로 기도하는 것을 바람직하지 않다고 했다(마태복음 6:5). 낯 뜨거운 자기 자랑을 온갖 매체를 통해 홍보하기보다 묵묵히 지역 사회를 위해 맡은 일을 감당하다 보면, 오늘날 흉물처럼 비난받고 외면받는 교회가 우리나라의 명물로 변모하는 날이 오리라는 확신이 생긴다.

십자가 곁을 지나는 이들은 물론이고

심지어 같은 형벌을 받던 강도마저도 예수를 조롱했다.

예수의 십자가 아래에는 모욕과 희롱으로 가득 찬

'악성 댓글'이 달렸다.

4

십자가에 달린
악성 댓글들

분위기가 급변했다. 며칠 전까지만 해도 '호산나'를 연호하며 예수의 예루살렘 입성에 열광했던 이들이, 그날은 예수의 얼굴에 침을 뱉고 주먹과 손바닥으로 때리며 예수를 십자가에 매달라고 소리쳤다.

예수의 십자가 아래에는 모욕과 희롱으로 가득 찬 '악성 댓글'이 달렸다. "하나님의 아들이거든 자기를 구원하고 십자가에서 내려오라", "남은 구원하였으되 자기는 구원할 수 없도다", "지금 십자가에서 내려올지어다 그리하면 우리가 믿겠노라" 등 십자가 곁을 지나는 이들은 물론이고 심지어 같은 형벌을 받던 강도마저도 예수를 조롱했다.

개신교가 조선에 발을 내딛던 구한말, 근대 의술과 교육을 소개한 선교사들에 대한 반응은 호의적이었다. 콜레라가 창궐한 상황에서 역병 퇴치를 위해 헌신한 기독교인들의 모습은 우리 민족에게 깊은 인상을 남겼다. 특히 방역을 책임졌던 올리버 에이비슨(Oliver R. Avison, 1860~1956) 선교사의 손 씻기와 물 끓여 마시기 정책은 효과적인 감염 예방법이었다.

나라를 빼앗기고 고통당하던 일제강점기에서 개신교는 민족운동의 주요한 버팀목으로 존중받았고, 군사정권 시기에는 산업화에 희생당한 노동자들과 민주화를 갈망하는 시민들에게 피난처를 제공했다. 하지만 코로나 팬데믹 속에서는 예수가 십자가에 못 박혔던 그날처럼 또다시 교회를 향한 악성 댓글이 넘쳐나고 있다.

댓글 작성자 중엔 교회로부터 상처를 받았거나 언론에 등장하는 비윤리적 기독교인들의 행태에 화난 이들, 코로나 안전 불감증과 이기적 선민의식을 거리낌 없이 노출하는 교회의 모습에 지친 이들이 있다.

진퇴양난이다. 안으로는 각자도생의 기운이 팽배한 코로나 세상 속에서 사회·정치적 갈등의 여파가 교회 안으로 밀려 들어 오면서 신앙공동체 내부의 정치적 분열의 기운이 팽배하고, 정결해야 할 신앙의 본질은 극단적 정치 프레임에 갇혀 훼손되고 있다.

밖으로는 개신교를 악의적으로 비난하는 소리에 포위당한 채 점점 위축되고 있다. 개신교에 대한 부정적인 이야기가 게재된 언론 기사에는 모욕과 조롱으로 가득 찬 악성 댓글이 가득하고, 이단·사이비와 안티 개신교 세력들은 온라인에서 조직적으로 연대해 악성 댓글을 유포한다.

악성 댓글엔 확인이나 비난의 이유도 밝히지 않은 채, 묻지도 따지지도 않고 개신교를 향한 모욕성 댓글을 다는 손가락들로 넘쳐난다. 심지어 이를 공유하는 교회 청소년들과 청년들도 있다는 사실이 우리의 가슴을 저미게 한다.

코로나 확산 초기에 발생한 신천지 사태를 바라보며 교회는 마치 승리의 깃발을 거머쥔 듯 쾌재를 불렀다. 교회와 가정을 괴롭히던 신천지에 대한 하나님의 심판이 임한 것으로 생각했고, 당황하는 신천지와 교주 이만희를 바라보며 인과응보라 여겼다. 하지만 이는 교회가 쟁취한 승리도 아니요, 게다가 신천지에 대한 사회적 비판이 교회에 대한 지지를 의미하는 것은 더더욱 아니었다.

한국 사회는 정통과 이단의 구분에 무관심하다. 종교의 사회적 순기능에만 관심이 있을 뿐이다. 교회든 이단이든, 사회적 역기능이 노출될 때 여론은 싸늘하게 등을 돌린다. 신천지를 향했던 사회적 비난은 이제 부메랑이 되어 교회를 향하고 있다.

그래도 감사한 것은 넘쳐나는 악성 댓글이 교회에 대한 높은 기대치를 역설적으로 반영하고 있다는 것이다. 이제 공은 개신교계로 넘어왔다. 비판을 겸허하게 수용하고 개혁한다면 교회는 500년 전 그때처럼 다시 '개혁의 주체'가 될 것이고, 무관심과 변명으로 외면한다면 교회는 '개혁 대상'으로 전락할 수 있다. 교회에 필요한 것은 면피용 '변명'이 아니라 신뢰 회복을 위한 '변화'다.

봄이면 피는 목련을 바라보며, 한때는 눈부시게 아름다웠지만 지금은 검게 시들어버린 채 곧 떨어질 듯 매달려 있는 애잔한 목련화의 모습이 한국 교회의 초상은 아닌지 마음이 시리다.

담대하게 거침없이

다종교 한국 사회의 사이비 종교 검증시스템은 긍정적으로 작동해왔다. 종교 간 갈등으로 인해 심각한 내전으로까지 치닫는 국가들과는 달리, 우리나라에는 여러 종교들이 평화롭게 공존할 수 있는 토양이 오래전부터 조성되어왔다. 특히 신흥종교의 경우 사회적 역기능이 노출될 때는 스스로 소멸해 나아가도록 통제하거나 유도하고, 순기능적 역할을 할 때는 관용적인 태도를 가지고 지켜보는 지혜를 발휘해왔다.

신천지와 같이 가스라이팅식 거짓말과 위장에 능한 사이비 집단들이 이 땅에 발붙이기 어려운 이유도 이러한 사회적 분위기와 무관하지 않다. 즉 검증된 종교에는 관용과 지속 가능한 여건이 제공되지만, 역기능적 행태를 노출할 때는 사회적 지탄의 대상이 되어 소멸하곤 했다. 천부교, 동방교, 영생교, JMS, 구원파, 신천지 등이 그 대표적인 사례들이다. 한국 사회에서 종교적 역할을 인정받기 위해서는 공개성과 투명성이 중요하다. 하지만 이단·사이비 집단들은 정체와 교리를 공개적이고 투명하게 노출하기보다는, 오히려 거짓말과 위장을 통해 세력을 확장하거나 사리사욕을 채운다. 특히 신천지는 그들의 거짓말을 '모략'이라는 이름으로 합리화하고, 신도들을 가스라이팅 하며, 교회와 사회를 교란시켜왔다. 신천지가 사회적으로 지탄받고 고립될 수밖에 없는 이유가 바로 여기에 있다.

기독교의 신앙고백은 공개적이고 투명하다.

우리가 누구인지, 무엇을 믿는지, 무엇을 하려는지를 명료하게 선언한다. 신실한 기독교인은 언제, 어디서나 자신의 정체성을 결코 숨긴 적이 없다. 세상이 기독교를 수용하면 선한 영향력을 전하기 위해 헌신했고, 만약 세상이 기독교를 거부하면 박해와 순교를 무릅쓰고 신앙을 지켰다. 어떠한 상황에서도 결코 기독교인임을 숨긴 적이 없다.

기독교인들은 복음을 부끄러워하지 않는다(로마서 1:16). 로마 군인의 감시 아래 낯선 환경 속에 지내야만 했던 바울이었지만, 복음에 대해 궁금한 이들이 찾아오면, 눈치를 보거나 위축됨 없이 "담대하게 거침없이"(사도행전 28:31) 하나님 나라와 예수 그리스도를 변증했다.

코로나 팬데믹 속에서 기독교인들은 이중고를 겪었다. 안으로는 마음 편히 예배하고 교제할 수 없는 환경이 주어졌고, 밖으로는 기독교에 대한 부정적 시선들로 인해 부담스러운 상황이 되었다. 게다가 이단·사이비들의 행태는 기독교의 사회적 이미지를 더욱 추락시켰다.

코로나 역병으로 인한 신앙공동체의 고난은 비단 오늘날만은 아니다. 기독교 역사에 나타난 신실한 신앙의 선배들은 역병과 고난 속에서도 말씀(케리그마)과 교제(코이노니아)와 봉사(디아코니아)를 포기하지 않았다. 그뿐만 아니라 어떤 상황에서도 결코 자신의 기독교적 정체성을 감춘 적이 없다.

기독교의 신앙고백은 불확실한 위기의 시대에 더욱 빛났다.
스데반의 순교 이후 흩어진 기독교인들은 가는 곳마다 공개적인 복음전도를 멈추지 않았다. 초대 교회의 수많은 순교자들은 죽음 앞에서도 당당하게 자신들의 신앙고백을 이어갔다. 콜레라 역병으로 고통받던 구한말의 선교사들과 신앙인들은 이웃을 위해 헌신하며, 그리스도의 사랑을 전했다.

세상이 불안정하고 불확실할수록 기독교인들은 담대했다. 또한 그들의 거침없는 정면승부는 빛났다. 복음의 정면승부는 교회와 이단을 분별하고, 교회와 세상을 구분하는 시금석이다. 나아가 오늘날 한국 교회에 주어진 과제다.

시인과 부인의 이중생활

하나님을 '시인(是認)'하는 그리스도인들이 하나님을 '부인(否認)'하는 이중적 삶을 살고 있다는 비난과 냉소가 쏟아진다. 이단 신천지에 이어, 코로나 대유행의 원인 제공자로 등장한 교회와 기독교 선교단체들을 향한 사회의 시선이 따가웠다. 물론 오해와 편견과 여론몰이의 결과일 수도 있지만, 지난 코로나 세상을 되돌아보면 아니라고 부인하기도 어려운 상황이다.

이단이 문제인지, 교회가 문제인지 모를 상황이 연출되고

가스라이팅 이단

있다. 다종교 한국 사회는 교리적인 이단과 정통 여부를 구분하는 데 신경을 쓰기보다 사회적인 역기능과 순기능 여부를 판단하는데 더 관심을 갖는다. 그렇기에 이단들은 양의 옷을 입고 사회봉사를 내세우면서 이기적인 모습으로 비춰지는 교회와의 차별성을 부각시키기 위해 애쓰고 있다.

한국 교회도 사면초가의 처지에 놓인 형세다. 안으로는 진·보수의 정치적 프레임에 갇힌 채 분열하는 모습을 노출하는 한편, 현장 예배와 관련해서는 '공공의 안전'과 '신앙의 자유'를 두고 방역 당국과 갈등했다. 게다가 밖으로는 이단·사이비들의 거센 도전 속에서 부정적인 사회의 시선과 힘겨운 싸움을 이어가야 했다.

무엇보다도 한국 교회의 대표성을 담보할 수 있는 리더십이 아쉽다. 체계적인 관리 감독이 용이한 중앙집권적 시스템을 갖추고 있는 천주교나 위치와 모임 형식에 있어서 태생적으로 이미 거리두기 조건을 충족하고 있는 불교에 비해, 개신교는 코로나 감염과 확산에 취약할 수밖에 없는 구조적 한계를 갖고 있다. 즉 독립적인 다교파 체제로 인해 통제가 어렵고, 지리적으로도 지역 사회 곳곳에 분포되어 있으며, 일주일 내내 정기적인 예배와 모임이 진행되기 때문이다.

한국 교회의 위기관리와 함께 목소리를 대변할 수 있는 영향력과 공신력을 갖춘 리더십, 코로나와 같은 위기 상황이 발생했을 때 그 대응을 위해 관계 당국과 합리적인 소통을 담당해 나아갈 리더십의 존재와 역할이 절실하다.

한국 교회의 탈정치화도 시급하다. 교회 안팎의 이슈들에 대한 신학적·목회적 차원의 접근이 이뤄지기도 전에, 이미 극단적인 정치적 프레임이 덮여지는 일들이 다수 발생하고 있다. 하나님의 백성들에게 정치적 입장 차이는 비본질적이며, 복음 앞에 진·보수의 구분은 무의미하다. 자신의 정치적 야욕을 위해 복음의 거룩한 언어들을 악용하지 말아야 한다. '정치적 신앙인'이 아니라 '신실한 정치인'이 필요하다.
코로나를 통해 하나님께서 주시는 메시지에 민감하게 반응하며, 역병으로 멈춰버린 위기의 세상에서 선한 영향력을 발휘할 수 있는 순전한 신앙인들의 복음적 연대가 필요하다.

최근 시사고발프로그램에 등장한 안산 Y 교회와 부산 W 교회의 사례가 눈길을 끈다. 폐쇄적인 사각지대에서 왕처럼 군림했던 목회자들이 헌금이라는 미명으로 금전을 착취하고, 헌신이라는 미명으로 노동력을 착취하며, 회개라는 미명으로 성을 착취했다는 혐의를 받고 있다. 심지어 축재한 돈으로 최고급 외제 차들과 고가의 시계들을 사들였다는 공통점을 갖고 있다.

흥미로운 사실은 이들의 설교를 들어보면 모두 엄격하고 경건한 신앙을 강조했다는 것이다. "하나님을 시인하나 행위로는 부인"(디도서 1:16)한 전형적인 사례다. 성경은 이들에게 "가증한 자요 복종하지 아니하는 자요 모든 선한 일을 버리는 자"(디도서 1:16)라고 단언하고 있다.

총체적 위기의 시대, 이율배반의 이중생활에서 벗어나야 한다. 믿음과 행위 모두로 하나님을 시인해야 한다. 그래야 세상을 미소 짓게 만들지언정, 스스로 웃음거리로 전락하는 일을 막을 수 있다.

이단은 누가 정하는가

가장 많이 받는 질문 중 하나다. 특정 개인이나 단체의 이단성 여부에 관한 문의가 「현대종교」에 거의 매일 들어온다. 하지만 「현대종교」는 이단 규정 기관이 아니다. 한국 교회의 이단 결의는 개별 교단 차원에서 이루어진다. 그리고 이들 교단의 결의는 소속 교회와 교인들의 지침으로 받아들여진다.

교회사적으로 이단 규정의 주체와 기준은 다양했다. 초대교회에서는 모든 교회의 지도자들이 한자리에 모여 이단 문제를 논의하고 결정했다. 니케아 콘스탄티노플 신조를 이단 분별의 기준으로 적용했다. 중세 교회에서는 강력한 교권을 기반으로 종교재판을 통해 이단을 규정했다. 종교개혁 이후에는 종교개혁 신앙고백을 통해 이단 기준이 제시됐다. 하지만 교파주의를 특징으로 하는 현대 교회로 접어들면서 교파별 교리 표준의 다양성으로 인해 이단 규정의 주체와 기준 또한 다변화하게 되었다.

선교 초기부터 교파주의가 정착된 우리나라도 예외는 아니었다. 3개국(미국, 캐나다, 호주) 6개 교파(미국 남·북 장로교, 남·북 감리교, 캐나다 장로교, 호주 장로교)가 지리적 분할 선교를 진행한 까닭에 교파주의 성격이 지역별로 뚜렷하게 자리를 잡았다. 게다가 6·25전쟁 시기부터 진행된 한국 장로교의 교파 분열과 교단 난립으로 이단 규정의 교회적 영향력과 사회적 공신력은 점점 약화되었다.

교단의 난립은 오늘날 한국 교회의 특징이 되었다. 하지만 이로 인해 한국 교회가 영향력을 가지고 이단 대처를 할 수 없게 되었다. 문제성 있는 개인과 단체에 대한 이단 시비에 있어 교단별로 서로 다른 입장이 노출되면서 목회 현장의 혼란은 가중되고 있다.

이단 규정을 둘러싼 교단들의 불협화음을 해소하기 위해 교단 간 논의와 협력은 필수적이다. 특히 타 교단 소속 목회자나 교인의 이단성 문제를 다룰 경우, 해당 교단의 입장에 대한 존중과 배려는 절차적 정의 측면에서 매우 중요하다. 교단들의 이해관계와 견해 차이로 영향력 있고 효과적인 이단 대처가 어려운 형편이다. 교파주의와 교단의 난립이라는 악조건 속에 한국 교회가 처해있다 하더라도 최근 온·오프라인을 가리지 않고 거침없는 행보를 보이는 이단들의 도전을 속수무책으로 방관할 수는 없다.

각 교단의 이단 규정이 '우리만의 리그에서 벌이는 밥그릇 싸움'이라는 편견을 불식시키기 위해 교회와 사회가 상식적으로 공감하고 동의할 수 있는 공신력 있는 교단 결의가 이루어지도록 노력해야 한다. 교권 장악이나 정적 제거 등을 위해 이단 문제가 악용되는 역기능을 철저히 경계할 수 있는 지속 가능한 안전장치 마련도 절실하다.

무엇보다 이단성 논란이 제기된 문제들에 대해서는 비본질적인 정치적·관계적 고려보다 오직 성경과 신앙고백, 그리고 신앙적·목회적 차원의 기준을 신속히 마련하여 목회 현장과 신앙생활의 혼란을 최소화해야 한다.

이단 규정의 딜레마

감리교는 장로교의 이단 규정에 대해 어떻게 생각할까? 교회사학자로서 이단에 대한 연구를 하는 장로교 목사인 나에게는 늘 떠나지 않는 질문들 중 하나다. 특히 구원론과 관련한 이단들의 교리를 비판하고 변증해야 할 상황이 오면 더욱 조심스러운 신학적 고민이 시작된다. 부인할 수 없는 사실은 감리교뿐만 아니라 침례교와 성결교 등의 여러 교파들이 한국 장로교의 이단 규정에 적지 않은 영향을 받고 있다는 점이다.

한국 장로교의 운명과 같은 교파주의는 이단 규정을 더욱 어렵게 만들고 있다. 선교 초기부터 장로교 중심의 교파주의가 형성되고, 이후 6·25전쟁과 함께 시작된 장로교 분열로 인해 오늘날 수많은 장로교단들이 형성되었다. 웨스트민스터신앙고백을 보편적으로 받아들이고 있지만, 교단별로 크고 작은 교리적 차이가 있는 것도 사실이다. 따라서 이단 규정 현황도 다양하다. 이로 인해 「현대종교」는 이단이나 '문제성 있는 개인이나 단체'에 대한 모든 교단들의 입장을 모두 제공하고 있다.

이단 규정은 교회와 교인들의 영적 분별의 기준이다.

교인은 자신의 교회가 속한 교단의 이단 규정을 존중하고 신뢰해야 한다. 인터넷에 떠도는 부정확한 정보가 아니라 교단의 공신력 있는 이단 규정을 먼저 고려해야 한다. 교단 소속 목회자들도 개인의 경험이나 생각을 고집하기보다 공인으로서 교단의 이단 규정과 정책을 준수할 필요가 있다.

이단 규정은 조심스럽고 신중해야 할 교회의 과제이다.

비록 한국 교회의 이단 규정이 장로교 주도로 이루어지고 있지만, 그 외 교파들의 교리적 특수성이 세밀하게 고려되어야 한다. 장로교 중심의 한국 교회 이단 연구에 있어서 감리교, 침례교, 성결교, 오순절 등 다양한 교단의 목소리가 절대적으로 필요하다.

'이단'이란 용어는 그 이해와 적용에 있어 신중하고 조심해야 할 표현이다.

사람을 신격화하고, 비성경적인 주장을 하며, 잘못된 종말을 주장하는 등 명백한 이단들에 대해 이단으로 규정하는 것은 교회뿐만 아니라 사회의 동의와 공감을 얻을 수 있다. 하지만 '교권 장악'과 '정적 제거'와 '사리사욕' 등을 목적으로 이단 규정이 악용되어서는 안 된다.

영광과 오욕의 순간들

기독교가 주도적으로 참여했던 3.1운동의 영광을 매년 '기념'해온 한국 교회는, 1938년 공식적인 신사참배 결의라는 오욕도 함께 '기억'해야 한다. 1919년 3.1운동을 주도한 신앙인들에게 1938년 비신앙적 신사참배 결의는 이율배반적인 사건이었기 때문이다.

'므두셀라증후군(Methuselah Syndrome)'이 있다. 과거에 일어났거나 경험했던 나쁜 일들은 잊어버리고, 좋았던 일들만 선별하여 기억하는 현상을 나타내는 용어다. 만약 한국 교회가 신사참배의 오욕은 애써 감추고 3.1운동의 영광만 드러내려고 한다면, 이는 므두셀라증후군과 다르지 않다.

한국 교회는 3.1운동의 영광을 경쟁적으로 기념하기에 앞서, 일제강점기 말의 변절과 좌절을 기억해야 한다. 오늘날의 한국 교회가 2019년 3.1운동 100주년을 대대적으로 기념하려고 했다면, 2018년 공식적인 신사참배 결의 80주년을 맞았을 때는 전 교회적인 참회의 시간을 가졌어야 했다. 기독교인들이 3.1운동의 영광에만 역사적인 의미를 부여하고, 신사참배의 변절에 대해 애써 입을 다물고 그 의미를 축소해서는 결코 사회의 동의나 공감을 얻을 수 없다. 또한 3.1운동에 있어서 기독교 지도자들의 주도적인 역할을 앞다투어 칭송하고, 일제강점기 말의 적극적인 신사참배와 전쟁 협력을 자행했던 기독교 친일 지도자들의 과오에 대해서는 지나치게 관용적인 태도를 보이는 것도 이중적인 잣대다.

3.1운동 기념행사가 단순한 과거 영광의 회상이거나, 혹은 오늘날 한국 교회의 문제점을 덮는 면죄부로 사용되어서는 안 된다. 오히려 하나님과 '삼천리 반도 금수강산'을 위해 결연히 일어났던 평범한 남녀노소 기독교인들을 기념하는 동시에, 사회적 순기능보다 역기능이 상대적으로 많이 노출된 현재 한국 교회의 모습에 대한 참회와 새로운 갱신의 다짐이 이루어지는 계기로 삼아야 한다.

역사적 사실과 진실에 다가서기 위해 반드시 필요한 것은 취사선택이 아니라 비교분석이다. 기독교의 역사적 공헌은 적극적으로 노출하면서, 신사참배와 전쟁 협력의 오욕을 숨길 수는 없다. 오히려 3.1운동을 주도적으로 이끌었던 교회의 모습과 일제강점기 말의 신사참배라는 형극의 길을 걸어야만 했던 교회의 모습을 비교하며, 오늘날 한국 교회의 정체성 회복과 갱신의 방향을 설정하는데 적용해야 한다.

신사참배가 아무리 어쩔 수 없는 사회정치적 상황에서 이루어진 강요된 행위였다고 하더라도, 같은 시기에 신사참배를 거부하고 박해와 고난을 마다하지 않았던 신앙인들의 이야기가 전해지고 있는 한 신사참배는 결코 합리화될 수 없다. 설령 신사참배가 종교의식이 아니라 국가의식이라고 스스로 믿었다고 하더라도, 민족과 하나님 앞에서는 친일 협력과 우상숭배의 죄를 범한 죄인의 민낯으로 설 수밖에 없다.

찬송가 '어서 돌아오오'는 일제강점기 말인 1943년에 만들어졌다. 신사참배를 강요받았던 신앙인들은 이 찬송을 부르며 "지은 죄가 아무리 무겁고 크기로 주 어찌 못 담당하고 못 받으시리요 …… 밤마다 문 열어 놓고 마음 졸이시며 나간 자식 돌아오기만 밤새 기다리신다오"라고 흐느끼고 애통하며 주님의 긍휼과 자비를 구할 수밖에 없었다. 선교사들마저 추방당한 상황에서, 홀로 신사참배와 전쟁 협력에 내던져진 한국 교회의 애절한 찬송이었다.

역사적 이단에 대한 연구를 진행할 때마다 동시대 교회의 문제점을 고스란히 보게 된다. '이단 대처'와 '교회 갱신'은 동전의 양면과 같다. 건강한 교회가 이단의 도전에 효과적으로 응전할 수 있다.

오늘날 심각한 이단 문제는 한국 교회가 겪고 있는 정체성의 심각한 위기가 그 원인을 제공해 주고 있다. 심지어 이단들은 사회봉사에 집중하면서 자신들의 존재 이유를 사회에 알리고, 이단 규정의 주체인 교회를 향해서는 "너나 잘하세요!"를 외치고 있다.

매년 개최되는 3.1운동 기념행사들이 일회적인 홍보용 이벤트성 행사나 혹은 교회의 부정적 이미지 세탁을 위한 면피용 행사로 비치지 않으려면, 한국 교회는 '1919년'과 함께 '1938년' 오욕의 순간도 함께 기억해야만 한다.

다름과 틀림

수백 개의 교단이 존재하는 한국 개신교. 문화체육관광부가 한국학중앙연구원에 의뢰해 조사한 '2018년 한국의 종교 현황'에 따르면 개신교 교단은 무려 374개라고 한다. 수백 명의 총회장이 존재한다는 얘기다. 개신교 연합기관인 한국 교회연합(한교연)은 47개, 한국교회총연합(한교총)은 33개, 한 국기독교교회협의회(NCCK)는 9개, 한국기독교총연합회(한 기총)는 78개 회원 교단으로 구성돼 있다. 중복으로 가입된 교단을 고려하더라도 여전히 적지 않은 숫자다.

규모도 천차만별이고, 교리적 정체성이나 건전성도 확인하기 어렵다. 존재 여부나 활동조차 파악되지 않는 교단이 수백 개에 이른다. 위의 자료에 따르면 협조 요청에 응하지 않거나 교세가 거의 없는 경우가 374개 교단 중 248개였다고 한다.

정부가 개신교 대화 채널을 선정하기도 쉽지 않다. 불교, 원불교, 천주교와 비교하면 한국 개신교의 대표성을 담보하는 단체나 개인의 부재로 인해 주요 모임에는 늘 다수의 개신교 지도자가 참여한다. 2020년 8월 코로나 관련 대통령과

가스라이팅 이단

의 간담회에는 16명의 개신교 대표가 참석했다. 정부도 당혹스럽고 개신교도 난감하며 효율성은 떨어진다. 새 정부는 과연 개신교의 대표성을 가진 단체나 개인을 어떻게 판단하고 접근할지 궁금하다.

교파 분열에 정치 분열까지 겹쳤다. 수백 개 교단으로 분열된 것도 안타까운데, 근간에는 촛불과 태극기로 시작해 대통령 선거에 이르기까지 각 교단 내부가 정치적 견해차로 분열됐다. 교파 난립과 정치 분열, 오늘날 한국 개신교의 현실이다.

교회사적으로 교파주의는 일면 은혜의 선물인 것도 사실이다. 종교개혁 이후 각자의 신앙 성격에 따라 교파와 교단, 교회를 선택할 수 있는 여건이 만들어진 것은 긍정적이다. 하지만 무분별한 교권 쟁탈이나 갈등의 결과로 만들어진 인위적 교파주의는 한국 개신교의 아픔이다. 무엇보다 이단에 대한 연합 대처를 어렵게 만들었다.

부정적 교파주의 극복을 위해서라도 대표성과 공신력을 가진 개신교 연합기관의 설립은 중요하다. 분열을 지속하는 한 한국 개신교는 '개혁의 주체'가 아니라 '개혁의 대상'으로 전락할 수 있기 때문이다.

최근 연합기관들의 통합 시도가 힘겹게 진행되고 있다. 다행히 2022년 3월 30일 한기총 임원회에서 우여곡절 끝에 '한국 교회 연합기관 통합을 위한 기본 합의서'가 통과됐다. 하지만 통합 시도 초기부터 기대와 함께 우려의 목소리가 나왔다. '연합'이 돼야지 '야합'이 돼서는 안 된다는 염려였다. 통합은 필요하지만, 교권과 기득권을 목적으로 하는 사리사욕과 이단 문제에 대해 안이하고 무원칙적 접근은 경계해야 한다.

이단 문제는 통합의 최대 난제이지만, 그렇다고 통합을 명분으로 두루뭉술하게 덮을 수도 없는 중차대한 사안이다. 연합기관이 이단들의 신분세탁소가 되어서는 안 된다. '다름'이 아니라 '틀림'의 문제이기 때문이다. 교단 간 차이, 즉 '다름'은 수용할 수 있지만 이단의 '틀림'을 용납할 수 없다. 그리스도를 위한 '연합'과 사리사욕을 위한 '야합'은 전혀 다르다. 성경과 신앙고백에 비추어 '다름'과 '틀림'은 반드시 구분되어야 한다. 교단은 성격이 다르더라도 성령 안에서 하나의 신앙고백을 공유한다. 하지만 이단은 성령을 거스르며 교회를 분열시킨다. 비성경적 이단은 '틀림'이고, 신앙고백을 공유하는 교단은 '다름'이다.

가스라이팅 이단

다름과 틀림의 명료한 구분이 필요하다. 다름을 틀림이라고 주장할 때 독선이 합리화되고, 반대로 틀림을 다름으로 받아들일 때 야합이 정당화되고 미화된다. 그리고 그 여파는 고스란히 목회 현장과 성도들의 혼란으로 이어진다. 신앙고백은 타협의 조건이 될 수 없고, 이단 문제는 협잡의 대상이 될 수 없다.

돌아올 집이 없는 여행은 방랑이고 유랑이다.

익숙한 가족들과 공간이 기다리는 집으로 돌아간다는 희망이 있기에,

비로소 모든 여행은 의미를 갖는다.

5

여행은
돌아올 집이 있을 때
비로소 의미가 있다

돌아올 집이 없는 여행은 방랑이고 유랑이다. 반복적 일상이 있고 소소한 다툼이 끊이지 않더라도 편안하게 머물 수 있는 '집이 최고'다. 익숙한 가족들과 공간이 기다리는 집으로 돌아간다는 희망이 있기에, 비로소 모든 여행은 의미를 갖는다.

이단과의 잘못된 만남과 가스라이팅으로 인해, 원하지 않았던 고통스러운 '미혹의 여행'을 경험한 이단 피해자들이 있다. 누군가는 전혀 예상치 못했던 잘못된 목적지에 도달해 어찌할 바를 모르기도 하고, 누군가는 이단의 감언이설에 속아 여행을 떠났다가 모든 것을 빼앗긴 채 좌절 속에서 낯선 여행길이 머물러있기도 하며, 누군가는 '집'으로 돌아올 용기나 면목이 없어 고난의 여행길에서 힘든 하루하루를 견디고 있다.

우리는 만연한 자연재해와 코로나 역병 등 불안하고 불확실한 세상에 살고 있지만, 이단에 빠졌다가 돌아오는 피해자들을 위한 '집'을 준비해야 한다. 이단 피해자들이 돌아와 편하게 머물 수 있도록 '집'을 디자인해야 한다. 이단과 동행했던 나쁜 여행의 트라우마를 극복하고, 그래도 '집'으로 돌아와서 참 다행이라는 안도감을 가질 수 있도록 배려해야 한다. 지난날 비록 이단 문제로 인해 온 가족이 힘들고 괴로웠지만, 이런 아픔을 '지난 과거'로 흘려보낼 수 있는 힘이 가족의 사랑이다.

한 번의 실수로 인해 이단에 빠졌었다는 주홍글씨가 새겨지고, 이로 인해 외로움과 자격지심으로 세월을 낭비하지 않도록 교회와 가족의 세심한 배려가 필요하다. 이단과의 투쟁을 통해 우리 교회의 신앙과 신학이 공고해진 것처럼, 이단의 미혹에 빠졌던 지난 시간으로 인해 이단 피해자들의 믿음과 소망과 사랑은 더욱 굳건하게 자리 잡을 수 있다.

문제는 교회다. 가족은 이단으로부터 돌아온 부모, 형제, 자녀를 받아들일 준비가 되어있지만, 교회는 이기적인 무사안일주의에 머물러 있는 건 아닌지 걱정이다. 이단 바이러스 감염을 두려워하는 마음으로 이단 피해자들이 들어오지 못하도록 교회의 문을 걸어 잠가서는 안 된다. 오히려 기존 성도들을 위한 이단 예방 백신 개발에 힘쓰는 동시에, 다른 한편으로는 이단으로부터 돌아오는 피해자들을 포용하고 정착을 돕기 위한 '치유와 회복' 시스템을 마련하는 데 힘써야 한다. 돌아오는 이단 피해자들을 사랑과 소망으로 감싸 안지 않으면 이단 피해는 멈추지 않는다. 가스라이팅의 트라

우마로부터 이단 피해자들이 온전히 회복될 수 있도록 돕는 일은 한국 교회의 거룩한 의무다.

하나님은 어머니와 아버지처럼 이단에 빠진 자녀가 돌아오기를 기다리고 계신다. 하나님은 밤새 조마조마한 마음으로 문을 열어놓고 초조하게 '집' 나간 자식을 기다리는데, 우리만 안전하자고 교회의 문을 닫을 수는 없다. 이단으로부터 돌아오는 이들을 우리가 비난하고 판단할 자격은 없다. 혼내는 분도 하나님이시고, 그 상처를 어루만져 위로하는 분도 하나님이시다. 하나님은 사랑이시다.

그래도, 살아야겠다

부산 중구 동광동 주민센터에 가면 특별한 전시 공간이 있다. 6·25전쟁 피난살이 모습을 생생하게 볼 수 있는 '40계단문화관'이다. 피난지 부산의 바닷가, 천변, 산자락을 가득 채운 피난민들과 판잣집들의 모습, 그리고 피난살이의 절박함을 느낄 수 있는 당시의 생활용품들이 전시되어 있다. 70주년을 맞는 6·25전쟁의 실상을 피난민의 눈을 통해 바라볼 수 있는 작지만 소중한 공간이다. 이곳을 들릴 때마다 전

가스라이팅 이단

시관 한쪽 벽면에 붙어있는 짧은 문구가 묵직한 울림으로 다가와 당시 피난민들의 절박한 마음을 느끼게 한다.

"그래도, 살아야겠다."

불안함으로 가득 찬 전쟁의 피난지 부산으로 모여든 피난 민들의 하루하루의 삶은 1952년 부산에서 만들어진 찬송 가 '눈을 들어 하늘 보라'에 잘 드러나 있다. "빛을 잃은 많 은 사람 길을 잃고 헤매이며 탕자처럼 기진하니 믿는 자여 어이할고." 전쟁과 함께 전염병과 홍수 등의 자연재해도 빈 번히 발생했던 최악의 상황이었지만, 그래도 피난민들은 헤 어진 가족들을 다시 만날 소망과 눈앞의 피붙이들을 어쨌든 살려야겠다는 마음으로 읊조리듯 내뱉었다.

"그래도, 살아야겠다."

하지만 전쟁 속 한국 교회는 실망스러운 모습이었다. 전쟁 의 참혹함 속에서 위로와 평화의 메시지를 선포하기는커녕 분열을 거듭했다. 6·25전쟁 전시와 전후 한국 장로교는 고 신(1952년), 기장(1953년), 통합과 합동(1959년) 교단으로 나누 어졌다. 비록 불가피한 분열의 명분이 있었겠지만, 당시 기 독 피난민들이 교회 지도자들에게 기대했던 것은 분열의 정당화가 아니라 따뜻한 위로와 소망이었다. "어두워진 세상 중에 외치는 자 많건마는 생명수는 말랐어라"고 안타까워하던 기독 피난민들의 교회를 향한 불신은 깊어졌다. 다행히 "인애하신 우리 구주 의의 심판하시는 날"을 기다리는 신앙인들의 소망도 함께 깊어갔고, 스스로 다독였다.

"그래도, 살아야겠다."

전쟁 당시 교회의 모습은 몰락 직전의 중세 교회를 떠올리게 한다. 십자군 전쟁(1095~1291)의 참혹함이 휩쓸고 지나간 폐허 속에서 인류 최악의 전염병인 흑사병(1347~1353)이 창궐했고, 이로 인해 유럽 인구의 3분의 1이 사망했다. 오랜 전쟁과 치명적인 전염병의 공포 속에 살아야 했던 중세 기독교인들에게 필요했던 것은 위로와 희망이었다. 하지만 교회 지도자들은 이탈리아 로마와 프랑스 아비뇽을 거점으로 분열(1378~1417)을 거듭했다. 이러한 혼돈은 교회를 향한 깊은 불신을 만들었고, 결국 중세 교회의 몰락으로 이어졌다. 암흑의 시대 속에서도 소망의 끈을 놓지 않고 교회의 개혁을 꿈꾸던 중세의 신앙인들은 전쟁과 전염병을 견디고 믿음을 지키며 다짐했다.

"그래도, 살아야겠다."

지난 수년간, 마치 성경에 나오는 종말의 표징들을 연상하게 만드는 자연재해들이 계속되고 있다. 반복적으로 발생하는 전염병, 홍수, 태풍, 화재, 미세먼지, 지진 등은 인간의 한계를 여실히 느끼게 했다. 그리고 그때마다 그저 우리 가족들만이라도 안전하기를 바라는 이기적인 마음으로 버티곤 했다. 코로나 전염병의 세계적 확산 속에서도 우리는 나지막이 되뇌었다.

"그래도, 살아야겠다."

우리는 기후변화와 환경문제의 피해자들이면서 동시에 가해자들이다. 무책임하게 저질러놓은 환경파괴의 결과를 사랑하는 우리 아들과 딸들, 또 그들의 아들과 딸들이 짊어져야 한다는 생각을 할 때마다 안쓰러움과 죄책감이 든다. 우리가 죽은 후에도 이 땅에 남아있을 사랑하는 그들이 맑은 공기와 깨끗한 하늘 아래에서 살아갔으면 좋겠다. 우리 아들과 딸들이 **"그래도, 살아야겠다"**고 우리처럼 애절하게 한숨 쉬기보다는, **"그래도, 살만하다"**고 한 마디 툭 던질 수 있는 평범하지만 넉넉한 일상을 살아간다면 정말 좋겠다.

긍정 코드

코로나 발생 초기 자가격리 대상자라는 공항검역소의 연락을 받았다. 탑승했던 국내선 항공편에 코로나 확진자가 타고 있었던 것이 이유였다. 놀람과 걱정이 교차했다. 자가격리 기간을 함께 보내야 할 모친과 아내에 대한 걱정이 무엇보다 앞섰다. 하지만 이런 염려에도 불구하고 뜻밖의 긍정 코드들을 발견했다.

긍정 코드 하나.
감사하게도 별일 없이 2주의 격리 기간을 보냈다.
비록 똑같은 일상이 반복되고, 염려와 걱정이 수시로 교차하는 불안정한 날들이었지만 감사의 시간이었다. 수업을 비롯한 몇몇 중요한 외부 일정들을 온라인 회의로 진행할 수 있어서 감사했다. 인터넷의 도움으로 보고 싶은 얼굴들을 언제든 볼 수 있어서 감사했고, 필요한 정보를 실시간으로 취득하고 생필품들을 살 수 있는 것도 감사했다. 가장 감사했던 것은 의도적으로 미루고 외면했던 사물인터넷(IoT)의 기술 세계로 들어와 적응 능력을 키울 수밖에 없었던 상황도 감사했다.

가스라이팅 이단

긍정 코드 둘.

무엇보다도 비슷한 이유로 나보다 먼저 자가격리 중이었던 큰아들 내외에게 나도 자가격리 중이라는 동병상련의 위로를 전할 수 있었던 것도 감사했다.

멀리 떨어져 사는 아들 내외의 자가격리 소식을 듣고 많이 걱정했는데, 나의 처지가 약간의 위로라도 된 것 같아서 한편으론 기뻤다. 코로나로 인해 곳곳에 흩어져 사는 가족들에 대한 염려는 크지만, 그래도 그 어느 때보다도 더 자주 서로 격려하고 응원할 수 있어서 감사했다.

긍정 코드 셋.

어디를 가든지 마스크를 착용할 수밖에 없는 일상이었지만, 그 대신 파란 하늘을 자주 보고 깨끗한 공기를 자주 마실 수 있어서 감사했다.

바이러스로 인해 자연과 함께 할 수 있는 시간이 줄어들었지만, 그 대신 치유되는 자연의 변화를 볼 수 있어서 감사했다. 사람 간 거리두기로 인해 만남이 자유롭지는 않지만, 사람 곁을 떠났던 산과 바다의 야생동물들이 가까이 다가오고 있다니 감사했다.

긍정 코드 넷.

코로나 발생 이후 감염 확산의 주요 원인 제공자로 떠오른 신천지에 대한 비판과 대응에 몰두해왔던 이단 연구가인 나에게 자가격리는 나 자신을 찬찬히 들여다볼 수 있는 선물과 같은 시간이었다.

신천지에 대한 비판보다 말씀에 대한 순종이 더 필요하고, 신천지에 대한 불신보다 하나님을 향한 신뢰가 더 중요하며, 진정한 이단 대처는 우리가 말씀대로 살아갈 때 하나님께서 값없이 주시는 은혜의 선물이라는 상식적 진리를 재확인할 수 있어서 감사했다.

이렇게 생각하니, 내 주변에 긍정 코드들이 참 많이 존재한다는 사실을 새삼 깨닫게 된다. 코로나와 관련해 우리가 매일 접하는 수많은 빅데이터들 가운데는 부정적인 코드들이 대부분을 차지한다. 부정의 코드들을 제거해 나아갈 때, 비로소 긍정의 코드들을 발견할 수 있다. 그리고 이러한 긍정의 코드들을 연결해 나아가면, 포스트 코로나 시대의 희망을 발견할 수 있을 것이다.

자가격리를 마친 후, 매일매일 주어지는 평범한 아침이 새롭고 감사했다. 우리가 맞게 될 새로운 상식의 시대가 다양한 긍정의 코드들로 가득 찼으면 좋겠다. 포스트 코로나, 좌절과 패배의 코드를 예측하는 일보다 긍정의 코드들을 관측하는 일이 더 필요하다. 세상을 바꾸기는 힘들어도, 적어도 세상을 보는 눈은 바꿀 수 있다. 이것이 긍정의 힘이고 믿음이며 은혜다. 바깥 산책을 하며 슬며시 마스크를 벗어보는 기쁨도 새롭게 주어진 긍정 코드다.

이단과 역병의 시대

소소한 행복을 집이나 캠핑장에서 즐기는 일상, 먹는 즐거움을 만끽하는 모습, 마음 훈훈한 이야기가 들어있는 감동 콘텐츠가 코로나 역병의 시대에서 사랑받고 있다. 코로나로 인한 제한적인 삶의 현실 속에서 쉽게 접하기 어려운 콘텐츠를 간접적으로 경험하며 대리만족과 위로를 받을 수 있기 때문인지도 모른다. 모두가 힘든 역병의 시대에 각자의 자리에서 곳곳에 숨어있는 감사와 기쁨의 코드들을 애써 발견하며 희망의 싹을 틔우고 있다. 희망은 절망 속에서 피어난다.

최근 인상적이고 통찰력 있는 강연을 들을 기회가 있었다.

'키워드로 보는 포스트 코로나 세상'이라는 동서대학교 장제국 총장의 「21세기포럼」에서의 주제 강연이었다. 대학 운영의 책임자로서 코로나 세상에서 바라보는 사회와 대학의 미래에 대한 분석이 설득력 있게 다가왔다. 이에 강연을 통해 제시된 키워드들을 가지고 '이단과 역병의 시대'를 살고 있는 교회에 적용해 보고 싶었다.

첫 번째 키워드는 '거리두기'다.

나와 타인의 안전을 지키기 위한 사회적 거리두기가 적극 권장되고 있다. '밀폐'된 공간, '밀집'된 장소, '밀접'한 접촉 등 소위 '3밀'을 피하면 감염을 대부분 피할 수 있다고 한다. 이단들도 친밀한 관계 형성을 통해 밀접 접촉을 시도하고, 그들만의 밀폐된 공간으로 유혹해 비성경적 감염에 노출되도록 만든다. 이를 위해 심지어 사전에 개인정보를 취득한 후, 거짓말까지 동원해 맞춤형 미혹을 진행한다. 이단과 역병의 시대, 사회적 거리두기와 함께 '영적 거리두기'가 필요하다.

두 번째 키워드는 '자발적 고립'이다.

악수와 포옹은 친밀감의 표현이 아니라 위협적인 행위가 되

가스라이팅 이단

었고, 나의 영역 안으로 타인이 들어오는 것을 경계하는 분위기가 형성되었다. 개인주의와 함께 국가 차원의 폐쇄적인 경제적·정치적 이기주의가 자연스럽게 자리 잡았고, 비상식적인 분열과 편 가르기가 상식으로 둔갑해 자리 잡았다. 이단에 미혹되면 나타나는 현상과 다르지 않다. 이단에 의한 생활, 정보, 사고, 감정을 통제당하면서 고립은 시작되고, 이는 가족들과 지인들로부터의 자발적인 고립으로 이어지게 된다. 직장과 학교를 그만두거나 가출도 불사한다. '자발적 고립'은 이단의 통제를 훨씬 더 쉽게 수용하게 만든다.

세 번째 키워드는 '냉소와 조롱과 위선과 악성 댓글이 만연한 자기중심적 내로남불'이다.

내가 보고 싶은 것만 보고, 듣고 싶은 것만 듣고, 믿고 싶은 것만 믿는다. 편견이 소신으로 신념화되고, 거짓 정보마저도 진실로 받아들여진다. 극단적 분열과 선전·선동이 합리화된다. 이단에 미혹될 때도 인지적 왜곡, 오류, 선택이 동반된다. 이단은 성경을 가르치는 것이 아니라 '성경을 보는 비성경적인 눈'을 심어준다. 이를 통해 성경을 자의적·임의적 관점으로 읽고 해석하며 적용하도록 만든다. 첫 단추가 잘못 깨워진 옷처럼 성경을 지속적으로 왜곡하고, 친밀한 주변 관계마저 단절하는 오류가 동반된다. 결국 가족들과 교회와 세상을 비판하는 데 집착하면서, 자신의 왜곡된 선택을 합리화하는 자기중심적 아웃사이더가 된다.

코로나로 인해 본격적인 '디지털 혁명의 시대'가 열렸다. 교회의 수준을 훨씬 뛰어넘는 세련된 이단 콘텐츠가 온라인에서 횡횡하고 있다. 온라인을 기반으로 한 이단들의 포교, 교육, 감시, 통제가 효과적으로 이루어지고 있다.

디지털 세상은 우리의 삶을 편하고 윤택하게 만들었지만, 한편 국가나 경제 권력에 의해 개인과 신앙의 자유가 제한되는 '통제와 감시가 강화되는 시대'가 만들어졌다.

코로나 역병의 위기와 불안 속에서 개인정보와 신앙의 자유가 합법적으로 통제되고 가스라이팅 당할 수도 있는 환경이 우리가 만나게 될 새로운 세상일지 모른다는 두려움에 몸이 움츠러든다.

이용도와 후스를 만나다

한국교회사를 전공하며 이용도(李龍道, 1901~1933) 목사를 만났다. 그는 일제강점기 숙명적 가난 속에서 하나님과 이웃, 민족을 향한 무조건적 사랑을 실천했다. 그의 시와 글, 일기와 편지, 설교와 사진 등이 담긴 전집(全集)이 꽂힌 도서관 서가 근처 구석진 자리에서 반복됐던 '이용도 읽기'는 늘 애틋한 감동을 줬다.

교회사를 전공하면서 이단 연구를 하는 나에게 이 목사의 삶과 신앙은 중요한 교훈으로 마음속에 자리 잡았다. 특히 이단 규정은 신중하고 정확해야 하며, 이단 문제와 연관된 이들의 공과(功過)를 신중하고 치밀하게 접근해야 한다는 생각을 하게 만든 계기가 되었다.

2017년 종교개혁 500주년을 맞아 유적지들을 탐방할 때, 독일 남부 콘스탄츠와 체코 프라하에서 얀 후스(Jan Hus, 1372~1415)를 만났다. 종교개혁의 선구자 후스는 콘스탄츠 종교회의 결정에 따라 화형을 당했다. 처형장으로 끌려가는 후스의 눈앞에서 그의 책들이 불태워졌고, 군중은 조롱을 퍼부었다. 무엇보다 가슴 아픈 일은 그의 머리에 '이단의 괴수'라고 적힌 모자가 씌워진 것이었다.

후스가 화형에 처해진 콘스탄츠 작은 마을 어귀에 앉아, 그리고 후스 종교개혁의 중심이었던 프라하 유적지를 걸으며

많은 생각을 했다. 후스는 개혁의 험난한 길을 마다하지 않았다. 중세 교회의 오만과 편견으로 화형당하며 '이단의 괴수'라는 죄목이 붙었을 때 그의 마음이 어땠을지 생각하니 이단 연구자로서 마음은 조심스럽고 복잡했다.

내 안에 있을지 모를 편견이 두려울 때가 있다. 이단과 싸움에서 목숨을 잃은 선친 탁명환 소장을 통해 이단 문제를 바라보면서, 때로는 마치 스펀지가 물을 빨아들이듯이 걷잡을 수 없는 감정이입이 이뤄지기 때문이다. 선친의 영향으로 이단 문제를 객관적으로 보기 어렵다는 사실을 알기 때문에, 나와 「현대종교」의 이단 연구는 교회와 사회의 공감과 동의를 얻기 위한 절박한 '반편견 싸움'이 되곤 한다.

다행히 교회사를 공부하면서, 역사는 결코 객관적일 수 없으며 역사가의 차별화된 경험과 환경으로 인해 상대적일 수밖에 없다는 역사 방법론을 배웠다. 이러한 상대성이 초래할지 모를 편견의 위험을 극복할 수 있는 '비교분석'이라는 안전장치에 대한 훈련을 받을 수 있어 감사했다. 이용도와 얀 후스의 이야기는 편견을 경계할 수 있는 표지석이 됐다.

이단 대처 과정에서 나타날 수 있는 편견의 위험성을 예방하기 위해 한국 장로교의 역할이 중요하다는 것을 깨닫곤 한다. 선교 초기부터 조성된 장로교세의 우세, 해방과 6·25 전쟁을 거치면서 시작된 장로교의 분열로 오늘날 셀 수 없이 많은 장로교단이 공존하게 됐다. 이들 교단 대부분이 개혁주의 신앙고백을 받아들이지만, 교단별로 크고 작은 교리적·정치적 차이가 존재한다. 그뿐만 아니라 이단 규정의 기준과 현황도 다양하다. 감리교, 성결교, 순복음, 침례교 등 다양한 교파에 대한 장로교의 배려와 협력은 한국 교회 이단 대처의 공신력을 가늠할 수 있는 시금석이 된다.

이용도와 얀 후스에게 이단이란 죄목이 붙었다는 사실을 기억할 때마다 이단이란 용어의 사용과 적용이 늘 조심스럽다. 사람을 신격화하고 비성경적인 주장을 하며 배타적 구원관에 기초한 잘못된 종말을 주장하면서 사회적 혼란을 일으키는 단체들에 대한 이단 규정은, 교회와 사회의 동의를 어렵지 않게 얻을 수 있다. 반면 오만과 편견 속에서 공신력을 상실한 이단 대처는 사회적 공감대를 형성하기 어렵다는 사실을 이용도와 후스의 삶과 죽음을 통해 배운다.

팀킴과 팀킬

하계올림픽 배구팀에게 느꼈던 애틋함을 동계올림픽 컬링 국가대표 '팀킴(Team Kim)'에서 다시 느꼈다. 패배를 직감하면서도 담담히 코트에 올라 몸을 사리지 않고 뛰며 팀을 격려하던 배구팀 주장 김연경, 그리고 힘든 경기 중에도 차분한 모습으로 링크 위에서 팀을 아우르고 최선을 다해 스톤을 던지며 소리치던 컬링팀 주장 김은정의 모습에서 멋짐과 감동이 무엇인지를 새삼 느꼈다.

지도자의 부적절한 행태로 어려운 시기를 보냈던 팀킴이 동계올림픽에서 보여줬던 서로를 향한 따뜻한 격려와 배려에서 승패를 초월한 진정한 승자의 모습을 볼 수 있었다. 코로나로 힘들고, 대통령 선거의 혼탁함으로 지쳐버린 일상에서 팀킴이 보여준 상호 신뢰의 팀워크는 매우 감동적이었다.

팀킴의 모습과는 달리 오늘의 팬데믹 세상에는 '팀킬(Team Kill)'이 난무한다. 팀킬이란 주로 컴퓨터 게임에서 사용되던 용어가 대중화된 것이다. 의도적 혹은 우발적으로 같은 편을 해치는 행위를 의미한다. 코로나, 대선, 우크라이나 침략 전쟁 등 다사다난한 국내외 사건들 속에서 자신이 소속된 집단을 분열과 고통과 파멸 속으로 몰아넣는 팀킬이 끊임없이 일어나고 있다.

겉으로는 대의명분을 내세우지만, 속으로는 저열한 배신과 협잡을 합리화하면서 같은 편 동지들을 의도적으로 해치는 정치적 팀킬이 대선 과정에서 스스럼없이 벌어지고 있다. 우크라이나와 '문화적·언어적·정치적'으로 같은 공동체라는 주장을 하던 러시아는 이율배반적 살상과 파괴를 거침없이 저지르고, 심지어 핵무기까지 운운하고 위협하면서 인류 파멸의 팀킬도 불사하는 침략전을 수행하고 있다.

팀킬은 이단들의 '최애'(가장 사랑하는) 아이템이다. 팀킬을 교사(敎唆)하는 데 이단들은 능숙하다. 즉 심각한 가정불화가 발생할 수도 있는 위험성을 아랑곳하지 않은 채, 자신들의 목적 달성을 위해 가족들과의 관계를 단절하도록 부추기며 가족공동체 해체를 유도한다. 그리고 마침내 세뇌당한 이단 피해자들이 사랑하는 사람을 위해, 사랑하는 사람을 포기하는 팀킬을 스스로 선택하게끔 만든다.

정치적이든, 종교적이든 팀킬을 조장하면서 국가와 이웃과 가족들을 운운하는 것은 위선이고 기만이다. 팀킬은 어떤 이유로든지 합리화될 수 없다. 그래서인지 예능 프로그램에서 불신을 부추기고 배신을 미화하며 동료의 아픔에 박장대소하는 모습이 때론 불편하고 씁쓸할 때가 있다.

동계올림픽 컬링 경기의 한 스톤 한 스톤을 숨죽여 지켜보면서 패배했다는 속상함보다는 최선을 다했다는 감동을 훨씬 더 많이 느꼈다. 컬링 팀킴 선수들의 승패를 떠나 순수한 미소와 눈물에서 신뢰와 배려의 팀워크가 무엇인지를 배웠다. 팀킴 주장 김은정은 한 인터뷰에서 "서로서로 이해하려고 노력했던 시간이 모여서 지금은 서로 진짜 편한 사이가 된 것 같다"고 하였다. 정치적 이해관계나 이해득실을 치밀하게 계산하고 야합하며, 심지어 팀킬마저도 거리낌 없이 실행에 옮기는 속물들이 득세하는 세상에서 팀킴의 존재는 더욱 밝게 빛난다.

팀킴과 팀킬 모두 누군가의 눈물을 흘리게 한다는 공통점을 가진다. 마지막 경기를 마친 후 팀킴 선수들과 감독은 울었다. 그리고 기자들도 울었고, 그것을 지켜보는 우리의 눈가도 애틋한 감동으로 촉촉해졌다. 하지만 팀킬은 배신과 불신 속에서 타인이 고통의 눈물을 흘리도록 만든다. 초대 교회로부터 기독교 신앙공동체는 팀킴의 모습과 비슷

했다. 함께 믿음을 지키고, 생사고락을 나누며, 하나님과 이웃의 사랑을 받았다(사도행전 2:44~47). 팀킬이 거리낌 없이 자행되는 분열과 역병의 세상 속에서 팀킴의 모습이 아름답게 도드라져 보이는 충분한 이유가 있다.

틈새 감사

평범한 일상을 다시 누리기는 힘들겠지만, 그렇다고 결코 포기할 수는 없다. 다행히 찬찬히 주위를 둘러보면 '틈새 감사'의 제목들이 제법 많다. 마스크 착용이 의무였던 시기, 답답하다고 투덜거리면서도 마스크 사이로 파고드는 시원한 바람에 감사했다. 혼자 있는 공간과 시간을 만났을 때 잠시 마스크를 벗을 수 있는 잠깐의 여유에 감사했고, 민낯의 어색함을 합법적으로 감출 수 있도록 도와주는 마스크가 때론 고마웠다. 매일 저녁 마스크 없이 편안하게 만나, 함께 먹고 마시며 이야기 나눌 수 있는 집과 가족이 있어 감사했다.

대면 만남의 날을 손꼽아 기다렸던 많은 이들이 있다. 희망의 끝자락을 붙잡고 힘든 시간을 보냈던 소상공인들은 손님들과 만날 날을 기다렸고, 텅 빈 예배당에서 빈자리를 바라보며 설교하는 목회자들은 감사의 찬양을 함께 부르며 예배하는 날을 기다렸다. 아직도 어색한 비대면 화상 수업을 진행하는 교사들은 학생들과의 만남을 기다렸고, 전염병으로 국경이 막혀 오가지도 못하고 떨어져 있어야 하는 연인들과 가족들은 간절하게 재회의 순간을 기다렸다.

얼마 전, 신천지를 탈퇴한 한 청년의 이야기가 울림으로 남는다. 신천지를 떠나려는 청년들로부터 혹 연락이 오지 않을까 하는 마음에 전화번호를 바꾸지 않고 있다는 것이다. 신천지를 떠난 후 지난 과거를 잊고 싶은 마음도 있을 것이고, 탈퇴로 인한 괴롭힘을 당하고 싶지 않은 마음도 있었을 것이다. 그럼에도 불구하고 연락처를 바꾸지 않은 청년의 배려가 참으로 사려 깊고, 고맙다는 생각이 들었다. 청년의 소망대로 신천지를 탈퇴한 청년들과 기쁘게 다시 만날 대면의 날이 기다려진다.

코로나가 팬데믹에서 엔데믹으로 전환된다고 하더라도, 이단들과의 '영적 거리두기'는 계속되어야 한다. 종교의 자유가 헌법으로 보장된 나라에서 위장 포교로 접근해 '종교 선택의 자유'를 침해하고[헌법 20조], 잘못된 정보로 방역을 방해해 국민의 건강권을 위태롭게 하며[헌법 35조], 사랑하

가스라이팅 이단

는 배우자와 자녀들에게 거짓말을 하도록 세뇌시켜 반드시 보장받아야 할 가족생활[헌법 36조]을 파괴한 신천지를 비롯한 이단들과의 거리두기는 유지되어야 한다. 그래야만 이단 탈퇴자들과 피해 가족들이 평범한 일상에서 '틈새 감사'를 느끼며 평안히 살아갈 수 있다.

부르시고 준비시키시는 하나님

준비된 자를 부르시기보다, 부르시고 준비시키시는 하나님을 나는 믿는다. 어리석은 이들을 부르셔서 지혜로운 이들을 부끄럽게 하시고, 약한 이들을 부르셔서 강한 이들을 부끄럽게 하시며, 천하고 멸시받는 이들을 부르셔서 차별 없는 세상을 만드시는 하나님을 나는 믿는다. 고통받는 이단 피해자들을 부르시고, 하나님의 백성과 예수 그리스도의 제자로 살아갈 수 있도록 준비시키시는 하나님을 나는 믿는다.

성경과 기독교 역사에 등장하는 신실한 하나님의 사람들은 부르심을 받기 전과 후의 삶이 드라마틱 하게 변했다. 부르심을 받기 전에는 아무것도 아닌 인생이었지만, 부르심을 받은 후에는 가치 있는 인생으로 변화되게 하시는 하나님을 나는 믿는다. 이단에 미혹당한 좌절감과 죄책감에 머물러있는 피해자들의 삶을 평범한 일상으로 되돌리시는 하나님을 나는 믿는다.

낯설고 두려운 코로나 세상에서 하루하루를 소망 가운데 견딜 수 있도록 부드러운 음성으로 우리를 부르시는 하나님, 분열과 증오의 세상에서 세미한 음성으로 주님만 바라보도록 부르시는 하나님, 이단의 수렁에 빠져있을 때에도 결코 손을 놓지 않으시는 하나님, 우리 인생의 참 주인이신 하나님을 나는 믿는다.

빼앗기고 잃은 것보다 남아 있는 것에 감사할 수 있는 은혜를 주시고, 나이가 들수록 소유보다 경험을 소중하게 여기도록 지혜를 주시며, 품을 떠나는 자식들의 뒷모습을 바라보며 내려놓음의 지혜와 순리를 겸허히 받아들이도록 인도하시고, 이단 피해의 아픔도 넉넉히 이겨낼 수 있도록 부드럽게 등 떠밀어주시는 하나님을 나는 믿는다.

이단을 미워하는 것보다 교회를 더 사랑할 수 있도록 부르시고, 이단에 대한 날카로운 분석보다 이단 피해자의 마음을 따뜻하게 위로할 수 있도록 부르시며, 하나님 나라를 위해 애쓰는 이들과 경쟁하기보다 "전파되는 것은 그리스도"(빌립보서 1:18)라고 고백하도록 부르시는 하나님을 나는 믿는다.

이단으로 인해 사랑하는 사람을 잃고, 소중한 것을 빼앗기며, 쉽게 지워지지 않는 상처만이 남은 이들을 부르시고, 이단 피해를 당한 후 느끼던 절망이 소망으로, 좌절이 용기로,

고통이 치유로, 분노가 평안으로 바뀌기를 소망하는 이들을 긍휼히 여기시는 하나님을 나는 믿는다.

이 책의 글들은 코로나의 세계적 확산 속에서 기록되었다. 훗날 다사다난했던 코로나 역병과 이단의 시대를 뒤돌아보며, 두려움 가운데 있었던 우리와 언제나 함께하셨고 연약한 우리를 따뜻하게 격려하시며 그의 나라와 의를 위해 부르시고 견인하셨던 하나님을 향한 작디작은 신앙고백으로 남기를 소망한다.

가스라이팅 이단